(Par Bricogne, maître des requêtes, d'après Barbier.)

ERRATA

DE QUELQUES BROCHURES

SUR

LES FINANCES.

Par M. B. M. D. R.

A PARIS,

CHEZ PÉLICIER, LIBRAIRE, PALAIS ROYAL,

COUR DES OFFICES.

1818.

ERRATA

DE QUELQUES BROCHURES

SUR

LES FINANCES.

Tandis qu'à peine à tes pieds tu peux voir,
Penses-tu lire au-dessus de ta tête ?

LAFONT. fab. *de l'Astrologue*.

Lᴀ publication des Comptes de Finances et la discussion des Budgets ont pour but, et doivent avoir
pour résultat d'éclairer non-seulement les Chambres,
mais tous lès Contribuables, sur le bon emploi des
fonds accordés au Gouvernement, et sur la nécessité
des sommes demandées. Cette discussion publique,
en provoquant toutes les observations, toutes les cri-
tiques, tous les conseils, a aussi pour objet d'éclairer
le Gouvernement et les Administrateurs sur les erreurs qui auraient pu leur échapper, sur les fautes
dont quelques agens auraient pu se rendre coupables,

et surtout sur les améliorations que réclameraient les intérêts et les vœux des Contribuables. La conviction que les dépenses ont été renfermées dans les limites les plus étroites, que les impôts sont choisis avec discernement, répartis avec équité, administrés avec intelligence et probité, rend les charges moins pesantes, et les sacrifices moins pénibles.

A aucune époque, et je ne crains pas de le dire, dans aucun pays, les documens publiés sur les Comptes de finances et les Budgets ne furent plus nombreux, plus volumineux, plus détaillés. Mais quelque soin que l'on ait apporté à leur rédaction, quelques efforts qui aient été faits pour les rendre clairs et intelligibles, on n'a pu changer la nature des chiffres, des calculs et des comptes.

Il en est du langage de la Finance et des chiffres comme de la Musique : il faut connaître les signes, leur figure, leur valeur, pour déchiffrer à livre ouvert: L'étude, la science même ne suffisent pas : il faut de plus, en Musique, une voix juste pour ne pas chanter faux ; et en Finance, un esprit juste, une attention soutenue, pour ne pas faire de faux calculs.

Ces réflexions s'adressent à cette foule de Financiers présomptueux qui, chaque année, aux approches du Budget, nous inondent de leurs plans et de leurs projets, bien préférables, si l'on veut les croire, au Budget ministériel qu'ils critiquent sans ménagement.

Ces censures multipliées peuvent avoir les plus fâcheux effets : égarer l'opinion, altérer la confiance, nuire au Crédit, allarmer sur l'emploi des deniers publics, sur la nécessité des impôts et des sacrifices demandés; provoquer le mécontentement, le refus et la résistance. Elles sont dangereuses, surtout lorsqu'elles partent d'hommes qui, à raison ou à tort, ont acquis ou usurpé une certaine réputation financière. Il ne sera donc pas sans utilité de réfuter les principales erreurs de quelques-uns de ceux qui se prétendent nos plus habiles Financiers.

Aujourd'hui, je ne m'attacherai qu'aux *erreurs matérielles de faits, de calculs et de chiffres, et seulement aux plus graves.* Le tems et la place me manqueraient si je voulais développer et réfuter tout ce que j'ai remarqué d'erroné dans les chiffres, les raisonnemens et les principes des brochures dont je vais vérifier les calculs.

Je ne m'occupe que des Ouvrages et des plans; les Auteurs, les Individus disparaissent à mes yeux: mais malgré le soin que j'apporterai à écarter de cette discussion tout ce qui pourrait paraître personnel, je ne puis me dissimuler que mes observations et mes rectifications plairont fort peu aux Financiers qu'elles atteindront.

Ils ont mis tant d'imagination dans leurs chiffres et leurs projets, ils ont pris tant de licences dans leurs calculs et leurs plans, qu'ils appartiènent à la famille des Poètes ou des Devins: or, *genus irritabile vatum.....* N'importe, je brave leur colère... Mais non;

ils sont trop idolâtres de la Liberté, pour se plaindre si j'imite leur fière indépendance;

Ils sont trop amis du Gouvernement, pour s'étonner que les Ministres et leurs plans trouvent des défenseurs ;

Ils sont trop zélés partisans des lumières, pour trouver mauvais que j'examine si dans leurs efforts pour nous éclairer, ils n'ont pas répandu plus d'obscurité que de clarté : et d'ailleurs ;

Est-ce ma faute, s'ils se sont crus appelés à nous donner des avis, à offrir leurs projets pour modèles, à présenter leurs plans à l'admiration publique ?

Est-ce ma faute, s'ils se sont attribué l'austère et délicate mission de critiquer, de censurer, d'accuser les Ministres de cette année et ceux des années précédentes ?

Enfin, est-ce ma faute, si leur science est incomplète, leur mémoire peu fidèle, leur vue trouble, et leurs calculs inexacts; si leurs erreurs sont fréquentes, graves, immenses, et si parfois elles prêtent au ridicule ?

Tout ce que je puis leur promettre, c'est qu'ils n'auront à se plaindre que de mes calculs et de mes raisonnemens.

Le Financier qui, le premier, réclame notre attention, est M. Ganilh, auteur d'une brochure intitulée :

De la Législation, de l'Administration et de la Comptabilité des Finances de la France, depuis la restauration.

Il a découvert et nous révèle dans tous les Budgets, depuis et compris 1814, des erreurs monstrueuses :

Arriéré	en Recette (*page* 14). . .	188,163,532.	Erreurs
	en Dépense (*page* 14). . .	500,000,000.	prétendues
Sur 1814 (*page* 16).	358,148,788.	
Sur 1815	(*page* 25).	266,282,570.	
	(*page* 31).	68,124,500.	
Sur 1816 (*page* 35).	148,000,000.	

Je vais suivre ses principaux calculs, en commençant par le Budget de 1816, plus près de nous, et qui nous intéresse davantage.

Les querelles de Chiffres étant de leur nature peu intéressantes, je négligerai beaucoup de détails, et je discuterai le plus succinctement possible.

Budget de 1816.

« La totalité des moyens du Budget de 1816, fut » portée, nous dit-il, à 949,424,880 francs (p. 33). » 1816. RECETTES. 1re erreur.

Cette fixation n'a jamais existé que dans l'imagination et la brochure de M. Ganilh.

Le Budget des recettes de 1816, a été fixé par l'article 16 de la loi du 25 mars 1817, à 884,492,520 f. somme égale aux dépenses : on peut vérifier le texte de la loi.

Il poursuit : « Le Ministère a réussi à obtenir des
» moyens supérieurs de 64,932,000 fr. aux besoins.
» Les charges des peuples ont été appesanties sans
» nécessité.....» (p. 34).

Puis, emporté par un accès de fièvre déclama-
toire, il s'écrie : « On n'en pourrait trouver des
» exemples, que dans ces temps de calamité, où les
» corps représentatifs ont été courbés sous le joug de
» la Tyrannie , et où ses vils suppôts ont abreuvé
» le Tyran des sueurs du peuple (p. 35) ».

A qui en veut-il ? Est-ce des Ministres du Roi
qu'il veut parler? Je m'abstiens de caractériser le
genre d'éloquence auquel appartiénent ces grands
mots de *joug,* de *tyrannie,* de *sueurs du peuple...*
etc. etc., que prodigue à chaque page la plume libé-
rale de cet écrivain.

Si de tels reproches, si la plupart de ceux qui vont
suivre étaient fondés, ce ne serait pas par une brochure qu'il faudrait attaquer les Ministres : Le devoir
d'un Député fidèle et courageux, serait de les dé-
noncer à la tribune, de les mettre en accusation.

Mais s'il se trompait, si ces prétendues malversa-
tions n'étaient que les rèves d'une imagination malade,
velut œgri somnia, ne devrait-il pas rougir de sa présomptueuse imprudence, de son impardonnable légéreté?

Cette prévarication de 65 millions qui enflamme
la colère de M. Ganilh, n'existe pas; car, par deux erreurs étranges, il l'a composée

2.e erreur.   1° D'un double emploi de 5,000,000, en portant intégralement les 69 millions produit des rentes, en même temps qu'un prélèvement de 5 millions sur ce produit.

2° De 60,096,000 francs dont la loi du 25 mars 1817 a réduit les impôts fixés par celle du 28 avril 1816 (État n° 11, p. 134, 4e col. *C* de 1816). 3e erreur.

Il n'a donc été rien levé de trop, *les charges des peuples n'ont pas été appesanties*, puisque les 60,096,000 fr. accordés par une loi, ont été repris par la suivante et n'ont jamais été recouvrés.

Des trois erreurs reprochées au Budget des Recettes de 1816, aucune n'est donc fondée.

Sur ces premiers échantillons des censures de M. Ganilh, nous devons commencer à nous défier de son arithmétique.

A quoi servent les Comptes de Finances, si ceux mêmes qui les critiquent oublient de les lire, ou négligent de les étudier, ou se dispensent de les comprendre ?

Passons aux Dépenses :

« On ne peut comprendre comment le Ministre DÉPENSES.
« put commettre dans l'évaluation des dépenses de 4e Erreur.
» son Budget, la monstrueuse erreur de 84,492,520 fr.
» (p. 34) ; une telle erreur est sans exemple, etc.......»

La Chambre de 1815 refit le Budget. Le Ministre aurait peut-être pu prévoir que la Chambre, dans l'humeur dont elle était alors, referait son Budget ; mais il ne pouvait certainement prévoir quels changemens il lui plairait d'y faire.

Or, la Chambre ajouta :

10,500,000 fr. à la dette publique pour les Emprunts et la Consolidation forcée que le Ministre n'avait pas proposés.

6,000,000 au Fonds d'amortissement.

2,500,000 pour le mariage et pour la liste civile de S. A. R. le Duc de Berry.

5,330,520 pour le Clergé.

11,000,000 de secours accordés par le Roi aux départemens sur sa Liste civile furent insérés pour ordre, dans le Budget.

10,000,000 de remboursement furent accordés aux départemens.

6,000,000 furent affectés au payement de créances étrangères.

1,440,000 aux affaires étrangères. . } Crédits supplémentaires votés après discussion.

600,000 à la justice. . . . . }

36,000,000 au Ministère de la guerre }

____

89,370,520 Total des augmentations,

4,878,000 réservés pour dépenses éventuelles, devinrent sans objet, et furent déduits.

____

84,492,520 Le Budget fut ainsi porté de 800, à 884 millions, sans qu'il y eût à faire au Ministre le plus léger reproche de dissimulation ou d'imprévoyance.

Que deviènent devant ces calculs, si clairs, si

(9)

simples, les prétendues erreurs, les déclamations et accusations de M. Ganilh?

Peut-être sera-t-il plus heureux à l'égard de l'Exercice de 1815.

Budget de 1815.

« Le service *des neuf derniers mois* 1815, présente 1815.
» les mêmes exagérations et atténuations, etc. (p. 24). »

Ainsi, toujours il accuse, et il se trompe dès le premier mot ; car il s'agit de *l'année entière*, et non *des neuf derniers mois* 1815. Que de légèreté dans des assertions aussi graves ! mais voyons ses preuves.

« L'évaluation des Recettes, dit-il, RECETTES.
  (p. 25), les porte à . . . .   618,000,000.
» Elles ont donné. . . . .   740,050,700.

    » Atténuation. . . . . : . . .   122,050,700.

La Loi du 23 septembre 1814 avait, il est vrai, 5e erreur. évalué les Recettes à 618,000,000. Cette évaluation, loin d'être atténuée, fut trop forte de 14 millions ; car les Recettes ordinaires ne produisirent, (état *C*, Loi du 25 mars), que 604,167,500.

Mais le Ministre qui proposa la Loi du 23 septembre 6e erreur. 1814, n'avait pu prévoir que *Bonaparte* reviendrait au 20 mars 1815 ; qu'il profiterait des trois mois d'usurpation pour vendre à beaux deniers comptants, les Rentes de la Caisse d'amortissement, qui ont ajouté aux recettes du Budget de 1815, une première somme de 35,863,000.

 Il faut donc l'avouer, M. le Baron Louis n'avait pas mis ces 36 millions dans son Budget; et il faut encore avouer que ce Ministre n'avait pas prévu, en août 1814, alors que la France était libre et heureuse, qu'il faudrait en août 1815, imposer une contribution extraordinaire de cent millions, pour payer les premiers à-comptes sur sa rançon.

Si de ces 136 millions de Recettes extraordinaires et imprévues, on retranche les 14 millions de non-valeurs, on retrouve les 122 millions de M. Ganilh. Sans doute il cessera, après cette petite explication, d'accuser le Ministre de 1814, d'avoir dissimulé ces 122 millions sciemment et méchamment.

Si M. Ganilh eût daigné lire, l'État C, de la Loi du 25 mars 1817, ou la 4ᵉ colonne de l'État n° 5, page 120 du compte de 1816, il se serait épargné ces ridicules accusations; mais il a adopté une manière plus expéditive; il prend les totaux, sans regarder de quelles sommes ils se composent, et puis il enfante sa Chimère.

A la vue de ce Fantôme, sorti de son imagination, il s'alarme, il crie au secours, à la malversation; il déclame, il dénonce, il accuse; les Ministres sont des prévaricateurs; la France est en péril.... Le peuple est pressuré, opprimé.... Dissipons nos inquiétudes; M. Ganilh a mal vu, mal lu, mal additionné, mal raisonné; et voilà tout le mal.

 Autre reproche, autre Chimère: — « Le Budget » de 1815, ne fit aucune mention de Valeurs actives » propres à l'Arriéré; il y en avait cependant puis- « qu'elles produisirent en 1815, — 51,596,530 fr. »

(11)

Le Budget fit mention des Valeurs propres à l'Arriéré ; car c'est dans l'état n.º 9, page 128, 2ᵉ colonne, que M. Ganilh a pris la somme de 51,596,530 ; mais le Ministre ayant porté cette somme au Budget particulier de l'Arriéré (p. 128), et ayant (p. 129), justifié de son emploi en rachat d'obligations et en payement d'ordonnances, il se garda bien de la porter une seconde fois en recette à l'exercice 1815 ; s'il eût agi ainsi, il eût fait le double emploi dans lequel M. Ganilh est tombé, parce qu'ayant aperçu la première moitié de l'état n.º 9, page 128, il n'a pas lu ou n'a pas compris la seconde moitié, page 129.

Nous avons de quelques traits de plume rayé les erreurs prétendues sur la Recette ; mais M. Ganilh a aussi critiqué la Dépense,

« Les dépenses furent évaluées à .   883,953,000.

» Elles ne se sont élevées qu'à . .   791,317,660.

» Exagération (p, 24 et 25). .   92,635,340.

Nous répéterons d'abord à M. Ganilh que seul il ignore, ou oublie que le Budget de 1815, fixé par la Loi du 28 avril 1816, fut l'œuvre de la Chambre, et non celle du Ministre ; mais au surplus l'exagération qu'il reproche n'existe point.

La Loi du 25 mars 1817 a fixé la dépense de 1815,

En Numéraire (art. 5, état *C*), à.   791,317,660.

En Valeurs de l'Arriéré (art. 5,

état *A*, 2ᵉ colonne), à. . . . .   68,124,500.

Le total des Dépenses de 1815,

fut donc de . . . .   859,442,160.

La réduction fut de 24 et non de 92 millions ; elle provint d'économies dans divers Ministères ; et notamment de 20 millions à l'Intérieur destinés à des travaux que les troubles et l'invasion ne permirent pas d'exécuter.

e erreur. Dans une note (p. 31), M. Ganilh traite de *méprise inconcevable* l'art. 15 de la loi du 25 mars qui accorde un Crédit de 68,124,500 pour l'Arriéré de 1815, que le Ministre, dit-il, *n'avait pas demandé.*

J'ouvre le Compte du Ministre, et à la page 125, dernière colonne de l'état n° 7, je vois qu'il restait à payer au premier août 1816, pour l'Arriéré de 1815, 68,004,500 fr., sur le Crédit de 130 millions.

Le Ministre regardait ce Crédit comme subsistant pour les 68 millions restant à employer. La Chambre, par surcroît d'exactitude, réduisit ce Crédit à 68 millions en le confirmant.

Il n'y a de *méprise inconcevable* que de la part de M. Ganilh.

e erreur. Sur le même exercice 1815 (p. 161), il dit :

« Le Déficit présumé de 1815 . .   130,433,000.

» A été réduit par la même loi
(25 mars), à. . . . .   51,000,000.

Si nous lisons la Loi, les états, les Comptes et les Rapports qui l'ont précédée, nous reconnaîtrons que le Crédit de 130,433,000 fr. en valeurs de l'Arriéré,

fut remplacé par un transport au crédit numéraire du
même exercice de (art. 14). . . . .   51,296,960.

Et par un Crédit en valeurs de
l'Arriéré de . . . .   68,124,500.

Le Crédit et la Dépense subsistent
donc encore pour. . . . .   119,421,460.

La réduction n'a été que de la
somme de.   11,021,540

Compris dans la réduction totale de 24 millions
rappelés plus haut à la 9e erreur.

Il est peu étonnant que M. Ganilh, accoutumé à errer
au gré de sa brillante imagination, dans les hautes et
vaporeuses régions de l'Économie politique, dans les
calculs arbitraires de la Statistique, s'égare lorsqu'il
faut descendre aux calculs positifs de la Finance, et
tombe de faux pas en faux pas, dans la voie étroite
des Comptes et des Budgets : mais que Membre de
la Chambre des Députés et de la Commission du
Budget, il oublie les discussions où il a été partie
agissante et parlante, qu'il cite à faux les dispositions
des Lois qu'il a votées, tant de légéreté et d'inexac-
titude sont véritablement inconcevables. C'est pour
lui-même qu'il doit réserver le reproche qu'il adresse
aux Chambres et au Public, *d'oublier chaque Loi
de finances aussitôt que votée,* (p. 10).

Je le demande au Lecteur, les comptes des Budgets de 1815 et 1816 placés tout entiers dans les Lois

des 28 avril et 25 mars, que nous venons de parcourir, étaient-ils *bien obscurs*, *bien compliqués*, *bien mystérieux?* À qui M. Ganilh doit-il s'en prendre, si dans ses efforts pour escalader *ce retranchement que la pratique opposait à la théorie*, il a fait onze lourdes chûtes?

La pratique avait tout fait pour faciliter les abords; l'Administration s'était présentée à découvert ; si les calculs ont résisté a tant d'assauts, c'est qu'ils sont inattaquables.

Dans sa présomptueuse théorie , notre auteur me paraît dédaigner un peu trop *la science usuelle et pratique, les pénibles travaux des bureaux*. Il existe , j'en conviens, beaucoup de hardis Théoriciens, qui , sans avoir étudié , prétendent tout connaître ; qui blâment, qui attaquent ce qu'ils n'ont pu comprendre ; qui, sans avoir pratiqué, aspirent à tout régler, à tout changer, à tout bouleverser : mais cet heureux temps n'est plus, l'âge d'or des Administrateurs et des Peuples peut-être, où les Commis et les Ministres des Finances suivaient paisiblement une antique routine, qui du moins les préservait des grands et funestes écarts.

Théories financières. La Théorie a pénétré dans les Bureaux , elle règne dans les Administrations , et tyrannise les Conseils. Trop souvent la fausse Théorie l'emporte sur la bonne, et ses brillantes et périlleuses promesses prévalent sur les timides et salutaires avis de l'expérience.

Oui, je le répète avec douleur, partout en Finances, on voit Théories incertaines et contradictoires, nou-

veaux plans, nouveaux projets, organisations nouvelles. Les longs services, les connaissances acquises,
les sages habitudes, l'expérience, sont méconnus et
méprisés, repoussés ou détruits. Hommes et Systèmes,
nous sommes tous nés d'hier. M. Ganilh nous reproche les torts d'un autre siècle. Pour s'en convaincre
il suffit de jeter les yeux sur le

CATALOGUE incomplet des THÉORIES différentes et
contradictoires, bonnes ou mauvaises, passagères ou
durables, qui depuis la Révolution, ont tour à tour
envahi et se disputent le domaine des Finances.

La Théorie des Economistes, le Revenu net, l'*Impôt* contribution
    unique, qui a détruit les Finances et nous   foncière.
    a légué l'énorme fardeau de la *Contri-*
    bution foncière, escortée de

La Théorie des *Garnisaires*

La Théorie du *Cadastre par masses de culture*, re-
    jeté, abandonné après six ans de travaux
    et 40 millions de dépenses inutiles.

La Théorie de l'interminable *Cadastre Parcellaire*,
    chargé d'un lourd bagage, (40,000 atlas),
    il suit son éternelle tâche plutôt détruite
    qu'achevée, et poursuit à pas lents

La Théorie de la chimérique et fugitive *Égalité de*
    répartition, à laquelle les meilleurs prin-
    cipes feraient préférer

La Théorie de la *Fixation* immédiate et *invariable*
    de l'Impôt foncier.

propriétés
et
domaines.

La Théorie de l'envahissement et de la *Réunion au Domaine public*, des biens du Clergé, des Communes, des Hopitaux ;

La Théorie de la *Confiscation* des biens des Émigrés, des Nobles, des Prêtres, des Condamnés, des Riches ;.......

La Théorie du *Morcellement des propriétés* ; Tous essais plus ou moins patents, plus ou moins dangereux de la Loi agraire. Il nous en reste

La Théorie de l'*Aliénation des Domaines de l'État* et des biens rendus aux Communes et aux Hopitaux.

La Théorie de la *Liberté entière de la propriété* détrônée par

La Théorie réglementaire, la *Servitude* abusive *des bois* des particuliers.

Douane
et
Commerce.

La Théorie de l'*Affranchissement du Commerce*, suivie à l'instant de

La Théorie du *Maximum,* et depuis rachetée chèrement par

La Théorie des *Patentes.*

La Théorie des *Encouragemens*, appuyée de

La Théorie des *Prohibitions* illusoires et des *Confiscations* odieuses, expiée par

La Théorie d'énormes *Droits de Douanes,* par

La Théorie du *Blocus Continental,* et par

La Théorie des *Licences*.

La Théorie de l'*Immunité des objets de consomma-tion*, sagement remplacée par

La Théorie des *Droits indirects et des Octrois* ; mais trop sévèrement punie par

La Théorie des *Exercices*, et

La Théorie du *Monopole*

La Théorie des *Régies intéressées*, d'abord substituée aux Fermes et par tout remplacée par

La Théorie des *Régies simples* et des *Administra-tions* désintéressées, c'est-à-dire, sans intérêt à bien faire.

La Théorie des *Administrations collectives* qui a pour elle l'opinion de M. Ganilh, mais qui cède successivement la place à

La Théorie des *Directeurs généraux* : l'une ou l'autre bonne ou mauvaise, suivant les choix ; car un bon Directeur vaut mieux que de mauvais Administrateurs, et récipro-quement.

La Théorie des *Fournisseurs*, dont le défaut de paye-ment nous a conduits à

La Théorie des *Services en régie*, sœur aînée de

La Théorie des *Réquisitions*.

La Théorie des *Entrepreneurs des travaux* publics, dont le défaut de payement nous a con-duits à

Impôts de consomma-tion.

Modes d'adminis-tration.

La Théorie des *Travaux par économie*, c'est-à-dire, sans solidité et sans économie, et à

La Théorie bien entendue des *Concessions* à charge de travaux.

Banques et Compagnies.

La Théorie de la *Destruction de toutes les compagnies* de Banque et de Commerce. Renaissant après longues années par

La Théorie des *Banques territoriales*, dé peu de durée, d'une fin malheureuse et d'un succès impossible;

La Théorie des *Banques de circulation*, institutions éminemment utiles, dont les principes et les règles sont mal connus et mal exécutés, et dont aucune n'a pu marcher encore dix années sans fautes et sans malheurs; elles furent d'abord indépendantes et rivales, mais bientôt subjuguées et détruites par

La Théorie d'une *Banque de France unique et privilégiée*, mais esclave et tributaire; affranchie depuis, mais utilement restreinte par

La Théorie des *Banques départementales*.

La Théorie naissante des *Compagnies d'assurances* assez hardies pour braver les vents et les pirates, la guerre et les orages, le feu et l'eau.

La Théorie { du *Papier monnaie*. . . . . } Misère,
{ des *Assignats*. . . . , , . . } ruine,
{ des *Mandats*. . . . . } bouleversement,
{ des *Cédules hypothécaires* } malheurs publics et particuliers.   Finances proprement dites.

La Théorie des *Banqueroutes* totales ou partielles, et de dégré en dégré,

La Théorie des *Liquidations interminables* et spoliatrices,

La Théorie des *Arriérés*,

La Théorie des *Consolidations forcées*,

La Théorie des *Reconnaissances de liquidation*.

La Théorie des *Budgets annuels*, plus qu'aucune autre, sujette à

La Théorie des *Amendemens*, mais appuyés sur

La Théorie { du *Crédit*. . . . . Confiance.
{ des *Emprunts*. . . . . . . Soulagement.
{ de l'*Amortissement*. . . . . Espoir. . . .

Combien ces trois Théories générales n'ont-elles pas enfanté de combinaisons, de Théories différentes que nous allons parcourir !

La Théorie des *Rentes viagères*, immorale et mal calculée.   Emprunts

La Théorie des *Valeurs à échéance*, bien inférieure à

La Théorie des *Rentes perpétuelles*, ou des valeurs sans échéance, préférable à toute autre.

La Théorie de l'*Emprunt forcé, obligé, patriotique*; c'est-à-dire, réquisition ou impôt mal déguisé.

Conditions. La Théorie des *Gros intérêts*, (8 pour cent) attrait puissant, voie sûre pour arriver aux intérêts modérés.

La Théorie des *Capitaux livrés à perte*, (rentes à 3, 4 et 5 pour cent), avec espoir de hausse ; attrait plus puissant et moins coûteux ; mode inévitable, universel de négociation des Effets publics, quelle que soit leur condition primitive d'émission.

La Théorie des *Primes croissantes*, annuellement et graduellement, (emprunts hollandais), moins vicieuse que

La Théorie des *Lots incertains*, distribués par le sort (emprunts de Paris, Lyon, etc.)

Emissions. La Théorie des *Émissions libres*, par vente et négociation, la seule que le Crédit et la justice avouent.

La Théorie de l'*Émission* ou *Distribution forcée* aux contribuables, (impôt—emprunt), également contraire au Crédit et au bon sens.

La Théorie de l'*Émission forcée en payement*, qui se rattache plus à la Banqueroute qu'au Crédit.

La Théorie de la *Vente* ou négociation *directe sur la place*, et

La Théorie de la *Négociation par* l'intermédiaire *d'une compagnie* ; modes entre lesquels il faut choisir suivant les tems et les circonstances.

La Théorie des *Effets à longues échéances*, ou des Remboursemens périodiques et successifs dans un certain nombre d'années, également embarrassante et fâcheuse, pour le prêteur et l'emprunteur, ainsi que

La Théorie des *Effets à échéances incertaines*, ou des *Remboursemens par le sort*.

La Théorie des *Remboursemens très-rapprochés* ou *Effets à courtes échéances*, indéfiniment renouvelés ; opération, de toutes la plus délicate ; à la fois la plus facile à commencer, la plus difficile à continuer ; la première à renaître au retour du Crédit, la première à mourir dès qu'il est blessé. Ces caractères singuliers appartiennent également à

La Théorie des *Dépôts volontaires* remboursables à volonté.

La Théorie du *Rachat* avec du Numéraire, sur la place, dit l'*Amortissement*, qui égalise la condition de tous les Effets publics, et les rend tous remboursables à volonté. Elle se partage en plusieurs théories.

La Théorie des *Achats journaliers et publics* ; dont le montant est fixé et connu à l'avance, dont l'action ostensible, uniforme, est à l'abri de toute fraude comme de tout soupçon.

La Théorie des *Achats accidentels et secrets*, qui peut favoriser les spéculations particulières et illicites, causer des bouleversemens, et qui éveille les soupçons et les craintes.

La Théorie du *Retrait* par admission des Effets publics en payement de contributions ou de domaines : nous en avons fait 130 applications malheureuses.

Trésorerie. La Théorie des *Anticipations et Délégations* sur les impôts, livrées à vil prix à des Banquiers et à des Compagnies, contre des avances supposées, cent fois soldées par cent Déficits réels, dont un de 141 millions.

La Théorie du *Versement exact des impôts* au Trésor public, à peu de frais, sans retard, sans déviation, et souvent par avance sur les fonds particuliers des comptables; négociations directes et peu coûteuses; facilité, abondance, en un mot, la CAISSE DE SERVICE dont la destruction nous ramènerait à la Théorie précédente.

La Théorie de la *Destruction de la vénalité des charges*, et la destruction des finances versées, laquelle n'était pas aussi morale, rétablie par

La Théorie des *Cautionnemens*.

Comptabilité. La Théorie des *Comptes par exercice*, claire, simple, mais interminable et dangereuse pour le Crédit.

La Théorie des *Comptes de gestion*, plus difficile qu'elle ne le paraît, et beaucoup trop vantée.

La Théorie de la *Comptabilité en Partie simple*, facile, mais insuffisante.

La Théorie de la *Comptabilité en Partie double*, complette, sûre, mais difficile à diriger, et facile à embrouiller.

La Théorie de la *Comptabilité par pièces*, certaine, mais lente.

La Théorie de la *Comptabilité par écriture*, rapide, mais insignifiante quand elle n'a pas les pièces pour appui.

Cette liste incomplette, offre un échantillon des Théories qu'un Praticien doit connaître, savoir apprécier, rejeter ou appliquer, pour devenir un médiocre Chef de bureau. Parmi ces quatre-vingts Théories financières, il n'en est aucune qui n'ait été prônée, proposée, et mise en expérience, sous nos yeux et à nos dépens; nous les avons vues naître et mourir, ou subsister; nous avons ressenti, ou nous ressentons journellement leurs avantages, ou leurs maux, leurs bienfaits, ou leurs atteintes douloureuses. Qu'il serait facile de donner pour pendant à ce Catalogue, la déplorable série des désastres que la plupart de ces Théories ont causés!

A quoi songe donc M. Ganilh? Il nous reproche de repousser les Théories, à nous qui les avons toutes essayées tour à tour. Elles tourmentent les Finances de l'État, et nos Fortunes particulières depuis 28 ans. Loin d'en être dégoûtés, nous sommes prêts à accueillir toutes les nouvelles, s'il en est encore; nous sommes capables d'en inventer. Lequel d'entre nous, et je suis loin de m'excepter, ne se pique pas d'avoir ses Théories, son système de finances, ne se vante pas d'être Théoricien ? les Professeurs et les Élèves fourmillent dans les Bureaux, dans les Administrations, dans les Conseils, dans les Chambres : il y en a jusques dans les Antichambres. C'est une manie ; c'est une fureur.

Évaluations du Budget de 1814, et des Dépenses Arriérées.

1814
et
Arriéré.

1814 et l'Arriéré sont déjà loin de nous. Il faut être bien rancunier pour renouveler ces vieilles querelles sur le montant des Créances Arriérées. Le mieux pour le Crédit serait de se taire enfin ; de liquider sévèrement et de payer promptement. Mais M. Ganilh est bien loin de là ; il ne voit *ni obligation ni avantage à transformer une dette hypothétique en une dette réelle*, (p. 13): ce qui en français clair et net, veut dire, qu'il ne faut ni liquider ni payer.

12e erreur.

Il espère encore voir se réaliser : « L'assertion du » Ministre des finances du dernier Gouvernement, que » l'Arriéré ne s'élevait pas à 250 millions (p. 14) ». Et cependant il résulte des Comptes publiés qu'il a déjà été payé plus de 500 millions (1).

Pages 14 et 158, il affirme que les Valeurs actives laissées par l'ancien Gouvernement, produisirent 188,163,533 fr. Il comprend dans cette somme 81 millions de contributions de 1814, et 67 millions produits de biens vendus et recouvrés postérieurement au premier avril 1814, y compris 22 millions pour les bois dont la vente ne fut ordonnée que par la Loi du 23 septembre 1814. Il n'appartenait de droit à l'Arriéré que les soldes en caisse, et les restes de 1812 et 1813. Les contributions de 1814, les bois à vendre et à recouvrer appartiennent à l'année cou-

----

(1) Il avait été payé au premier juillet 1817,

Arriéré de Caisse payé ou renouvelé. . . . . 113,871,000.
Arriéré des Ministères, non compris 1815, (C. 1817, Etats 3, 4 et 6, pag. 85, 87 et 91) . . . . 267,130,000.
Idem, payé sur les fonds de 1814, (Loi du 28 avril, Etat *B*). . . . . 57,427,000.

Total des payemens faits sur l'Arriéré, au 1er juillet.. 438,428,000.

Les payemens ont continué pendant les 6 derniers mois 1817. La page VII du Discours du Ministre nous apprend qu'au 1er octobre, il existait de nouvelles ordonnances pour 68 millions, et des créances liquidées pour 33 millions; lesquels, sans doute, ont été payés depuis. Je suppose qu'un tiers concernait 1815, et je porte . . . . 68,000,000.

Les payemens sur l'Arriéré, ne sont donc pas, au 1er janvier 1818, au-dessous de. . . . . 506,428,000.

rante. Ces imputations de produits à 1813 ou à 1814, sont maintenant de peu d'intérêt; car ces exercices sont de fait et de droit réunis et confondus dans un seul et même Arriéré.

Une fois M. Ganilh, calcule presque juste. Les Recettes de 1814 excédèrent les évaluations de 100 millions environ; mais ce fut en y comprenant les sommes que M. Ganilh attribue à 1813; il faut qu'il choisisse entre les deux reproches, car l'un exclut l'autre. Il est constant qu'en 1814 le Trésor n'éprouva pas les pertes qu'il redoutait, notamment sur les centimes additionnels extraordinaires, et sur la contribution foncière. Les produits des impôts dépassèrent les espérances : tant la paix avait promptement cicatrisé toutes les plaies; tant était rapide l'élan de la France vers la prospérité, dans ces premiers momens de liberté et de régénération! Dans de telles circonstances, il n'y a pas matière à accusation contre des Ministres. C'est bien assez de leur refuser toute participation à la prospérité publique, et de ne leur en savoir aucun gré.

Nous allons voir les doubles emplois renaître en foule sous la plume de M. Ganilh.

13e erreur.   Après avoir fixé, (p. 14 et 158), les Valeurs actives appartenantes à l'Arriéré à 175,881,535 fr., il additionne cette somme (p. 16), avec les 117,127,255 fr., excédant des Recettes de 1814. Il oublie qu'il a compris dans les Valeurs actives de l'Arriéré 81,187,000 fr. de contributions, et 11,645,496 fr. d'autres produits faisant partie des Recettes de 1814; en sorte que

répétant deux fois ces deux sommes et les ajoutant l'une à l'autre, il fait un double emploi de
92,832,496 fr. »

Dans les mêmes pages 16 et 158, et dans la même 14ᵉ erreur.
somme 175,881,535 fr., sont compris 67,102,725 fr.,
produits de biens cédés à la Caisse d'Amortissement.
Or nous avons vu (p. 24 et 25), que M. Ganilh attribue à l'exercice 1815 une somme de 51,596,530 fr.,
faisant partie de ces 67 millions : autre double emploi
de 51,596,000 fr.

Ce chapitre contient bien d'autres erreurs ; mais
voilà trop de détails arides et sans intérêt. C'est
perdre son tems que de disputer sur les imputations
respectives de Recettes et de Dépenses entre 1813 et
1814. Il faut envisager ces deux exercices réunis et
confondus, pour se faire une juste idée de la situation
de cette partie des Comptes et de l'Arriéré. Si cette
réunion préparée par le Budget de 1814 eût été faite
dans les Budgets suivans, on aurait dissipé une
grande obscurité, et épargné à M. Ganilh bien des
erreurs.

Cette discussion me conduit à essayer cette réunion. Réunion des Arriérés et de 1814.
Laissant pour quelque tems de côté M. Ganilh et
ses erreurs, je vais faire le calcul du montant total
des Créances arriérées et des Dépenses de 1814,
réunies.

Je vais vérifier si les premières évaluations ont dé-
passé de beaucoup les Comptes définitifs, ou si au contraire les payemens n'ont pas excédé les évaluations.

Le Budget de 1814 avait établi quatre Chapitres distincts pour le service antérieur à 1815 ;

<table>
<tr><td>Évaluations primitives.</td><td>1.° L'arriéré des Caisses évalué dans le Compte de 1814, (p. 36, 80 et 81, état n.° 14 et 15), à (1) . . . .</td><td></td><td>115,225,000.</td></tr>
<tr><td></td><td>L'arriéré des Ministères (p. 39 et 81, état n.° 15), évalué,</td><td></td><td rowspan="4">643,940,000.</td></tr>
<tr><td></td><td>2.° Pour 1813, et antérieurs à . . . .</td><td>412,334,000.</td></tr>
<tr><td></td><td>3.° Pour 1814, y compris l'excédant des dépenses sur les Recettes des 9 derniers mois, (p. 19) . . . .</td><td>231,606,000.</td></tr>
<tr><td></td><td>Total de l'évaluation de l'Arriéré, si fréquemment et si violemment accusé d'exagération. . . . .</td><td></td><td>759,165,000.</td></tr>
<tr><td></td><td>4.° Le service des 9 derniers mois imputable sur les recettes numéraire de 1814, fut évalué, (p. 19 et 67, état n.° 7), et fixé par l'état B. annexé à la Loi du 23 septembre 1814, à . . . .</td><td></td><td>442,928,000.</td></tr>
<tr><td></td><td>Total des évaluations de 1813 et 1814 réunies . . . .</td><td></td><td>1,202,093,000.</td></tr>
</table>

(1) L'Arriéré du Trésor, autrement dit, le Passif des Caisses, fut estimé dans le Compte de 1814, pag. 36, 80 et 81, états nos 14 et 15, à . . . . — 115,225,000.

Il a été définitivement fixé par le Compte de 1816, pag. 126 et 141, nos 8 et 14, à . . . . — 113,871,294.

Deux années d'examen, la liquidation, le payement même ; (car quoique la dette existe encore, les premiers créanciers ont été payés), n'ont constaté que la différence insignifiante de un pour cent, ci . . . . — 1,353,706.

D'où il faut conclure, qu'au premier avril 1814, le Ministre des Finances connaissait la Dette de son Ministère, aussi bien que possible, et n'était pas porté à l'exagérer.

La ligne de démarcation entre ces quatre chapitres distincts, n'a pu être rigoureusement observée dans l'exécution et dans les Budgets suivans : pour arriver au résultat en peu de chiffres, avec clarté et sûreté, il faut extraire ces quatre chapitres des situations actuelles, et les réunir.

	Montant actuel.
1° L'Arriéré ou passif des Caisses a été définitivement fixé par le Compte de 1816, (p. 126 et 141, état n.ᵒˢ 8 et 14), à . .	115,871,294.
2° L'Arriéré des Ministères est définitivement fixé pour 1813, et le premier trimestre 1814, par le Compte de 1817, qui vient d'être publié, (p. 80, 84 et 90, état n.ᵒˢ premier, A, 3 et 6), à	503,894,900.
3° L'Arriéré des Ministères pour les 9 derniers mois 1814 est fixé (état n° 4, p. 86, et les états ci-dessus cités), à	59,107,600.
4° Le Crédit et les Dépenses numéraire des 9 derniers mois 1814 ont été portés par l'art. 10, et l'état B. de la Loi du 25 mars 1817, à	572,293,587.
Des *Créances Etrangères* ont été retranchées de l'Arriéré pour être payées suivant les traités : sur la Dette publique, (page 80, 109, état n° premier, C 1816) . . .	11,815,127.
Ministère de la Marine, (p. 126, état n° 8, C 1816)	10,433,000.
Ministère de la Guerre (omis dans les comptes), au moins	50,000,000.
Le total de la fixation définitive des Dépenses Arriérées au premier avril 1814, et pour le service des neuf derniers mois 1814, est donc, d'après les derniers Comptes officiels, de	1,301,415,508.
Ces quatre services réunis avaient été estimés par le Compte de 1814	1,202,093,000.
L'événement a donc dépassé l'évaluation sur 1813 et 1814 réunis, de	99,322,508.

Si nous voulons maintenant retrouver dans ce total, l'Arriéré proprement dit, il faut retrancher les Dépenses des neuf derniers mois 1814, fixées par l'état B, loi du 25 mars 1817, à . . . . . . 572.293,587.

Moins la somme employée en payement de l'Arriéré du premier trimestre, (état A, annexé à la loi du 28 avril 1816) . . . . . 57,423,592.

Il restera pour les Dépenses de 1814 . . 514,869,995.

Laquelle étant déduite du total ci-desus. 1,301,415,508.

L'Arriéré sera bien reconnu et constaté s'élever à. . . . . 786,545,513.

Et cependant on a taxé le Ministre de 1814, d'exagération, parce qu'il a mieux aimé dire la vérité que flatter les vœux et les préjugés populaires, que proclamer ou laisser craindre une Banqueroute.

Payemens effectués et valeurs employées.

Ces sommes au surplus, n'ont plus rien d'effrayant. La plus grande partie a été liquidée et payée avec les ressources accordées par les Lois et détaillées dans les Comptes. Je vais les rappeler et, pour calmer les inquiétudes que cette masse de 1,300 millions aurait pu réveiller, je vais présenter la situation actuelle du payement de l'Arriéré. Ces nouveaux calculs justifieront les résultats qui précèdent.

J'ai établi le montant de l'Arriéré par son origine; je vais l'établir par les valeurs employées à son payement. Cette preuve a en Finance le même degré de certitude que celle que la multiplication fournit pour la division.

Payemens en valeurs affectées à l'Arriéré. { En Numéraire	22,885,000.
En Obligations du Trésor royal.	36,129,000.
En Délégations et Compensations	9,975,000.
En Rentes, 5 pour cent consolidés	156,859,000.
En Reconnaissances de liquidation	41,272,000.

Voir le Compte de 1817, (états n°s 3, 4 et 6, p. 85, 87 et 91), non compris 1815.. | 267,120,000.

Transporté aux Créances étrangères. . . . | 52,248,000.

Arriéré ou Passif des Caisses payé ou renouvelé. . . . . | 113,871,000.

Numéraire provenant des Recettes des neuf derniers mois 1814. . . . . | 572,293,000.

Total des payemens au 1er juillet 1817.. | 1,005,532,000.

Le total des Créances Ariérées, et de 1814, a été reconnu de. . . . . | 1,301,415,000.

Il ne restait donc au 1er juillet à payer que. . . . . | 295,883,000.

Les payemens faits pendant les six derniers mois, ont dû réduire cette somme à 200 millions environ.

Enfin, en ajoutant le restant à payer sur l'Arriéré de 1815 (c. 1817, état n° 5, p. 89), qui est de . . . . | 134,608,000

Nous retrouvons pour restant à payer au 1er juillet dernier, la somme de. . . . . | 430,491,000

Ce Résultat est pareil à celui de l'État Récapitulatif des Arriérés, inséré au compte de 1817, état n° 6, p. 91.

Preuve et Contrôles.

Cet accord parfait dans le solde de mes calculs et celui des États du Compte qui vient d'être publié, prouve l'exactitude des détails et des résultats que j'ai présentés, démontre qu'ils sont sans erreurs, et les place à l'abri de toute critique. La réunion des quatre chapitres d'arriéré était la seule méthode certaine pour arriver facilement et sûrement à des résultats clairs et incontestables.

Quel beau sujet de colère et d'accusation pour M. Ganilh, si au lieu de suivre en aveugle le préjugé qui accusait d'exagération l'évaluation de l'Arriéré, il eût découvert que la fixation actuelle dépassait les premiers calculs de près de 100 millions, et que déjà plus de 500 millions sont payés sur cet arriéré, qu'il espère encore voir réduire à 250 millions !

Quant à moi, je ne vois dans ces résultats, qu'un sujet d'éloges et de reconnaissance pour les Ministres qui n'ont pas craint de reconnaître toutes les Créances légitimes; qui sont parvenus ou parviendront à y subvenir; qui ont commencé à relever l'Administration française de son long et profond Discrédit, et à réhabiliter nos Finances.

Quels reproches pourraient-ils avoir encourus? Ils n'ont pas fait les Dépenses Arriérées. Ils n'ont que la pénible tâche d'en constater le montant, et de chercher des moyens pour payer des Dépenses effectuées par d'autres Ministres et par un autre Gouvernement.

Précautions et Commission de liquidation.

Je sais que leur justice n'a été ni aveugle ni imprudente. Dès 1814, les mesures les plus sages furent prises pour la liquidation. Une Commission à la fois éclairée, juste et sévère, a été instituée. Elle soumet chaque Créance à un examen rigoureux ; aucun payement n'a lieu sans son approbation : il ne peut donc y avoir ni erreur ni fraude dans la liquidation et le payement de l'Arriéré.

Revenons à M. Ganilh, et plaçons ici deux rectifications.

L'Administration des Finances n'emploie pas 80,000 employés (p. 99), mais 24,000 au plus ; car on ne doit pas considérer comme employés des Finances, 4,000 gardes-forestiers, l'armée des Douaniers de 25,000 hommes, les Agens des Postes, au nombre de 4,500, et 7,000 Préposés des Contributions indirectes aux appointemens de 50 francs. Ils sont plutôt les Agens et les surveillans du commerce, que des percepteurs de Finances.

L'Administration de l'Enregistrement et des Domaines, ne coûte pas annuellement 26,621,587 fr. (p. 170), mais seulement 12 à 13 millions, sans l'Administration des Forêts, dont la dépense est de 4 millions pour 4,500 agens. L'Administration de l'Enregistrement, sévère, économe, ne peut sans injustice être taxée de prodigalité. Elle salarie 3,500 Employés, et non 20,000 comme le dit encore M. Ganilh (p. 107). Elle assure la perception de 180 millions de revenus, et surveille les Huissiers, les Greffiers et les Notaires.

Si je n'avais déjà accumulé trop de calculs, je suivrais M. Ganilh dans les relevés des Recettes et des Dépenses, des Emprunts et des Émissions de valeurs où il a multiplié les erreurs. Il s'est perdu dans les

Comptés de gestion de la manière la plus bizarre ; mais il faudrait trop de chiffres, trop de phrases, et trop d'ennui sans profit, pour le remettre dans la bonne voie. On concevra facilement que si sur des états si peu compliqués, sur des calculs aussi faciles que ceux des Budgets, sur les propres termes des Lois des 28 avril 1816 et 25 mars 1817, M. Ganilh s'est constamment trompé, il a dû s'égarer bien davantage quand il s'est jeté en aveugle dans le labyrinthe des comptes de gestion, dans plus de 500 pages de chiffres. Voyons encore quelques erreurs.

17e Erreur.

« (p. 160). Le Résumé dit qu'il y
»avait au 20 mars en caisse et en porte-
»feuille, ci . . . . 74,428,258.
» Et l'État général des Comptes,
» (p. 17), ne porte ce solde qu'à. . 70,945,267.
» Ces variantes dans un compte,
»n'autorisent-elles pas le doute?» . . .

Il n'y a pas de variantes dans le Compte.

Le résumé (p. 9), dit que les en caisses étaient au 20 mars 1815 , de 76,084,022 fr. 88 cent., et l'État général (p. 17), divise cette somme :

En solde en caisse. . . . . . . 70,945,267. 55.
En fonds en route. . . . . . . 5,138,755. 33.
Somme pareille. . . . . 76,084,022. 80.

M. Ganilh n'a pas vu la somme de 5,138,755 fr. 33 c. parce qu'elle était placée *une ligne au-dessus de l'autre*, et aussitôt il répand ses doutes. Il fait bien d'autres erreurs de cette force.

(*p*. 161.) Il cite une somme sur
l'Arriéré de . . . .   462,079,330.   18ᵉ Erreur.

« On ajouta, dit-il, les Obliga-
» tions données en payement de
» l'Arriéré et non remboursées. . .   14,023,300.

Cette somme ne doit pas être ajoutée à la précédente ;
car elle y est comprise. M. Ganilh se serait épargné
ce double emploi, s'il eût regardé *la ligne au-dessus*,
il y aurait lu trois fois dans trois colonnes différentes,
la somme de 14,023,300 fr., (C. 1815, état n° 10,
p. 187, 15ᵉ, 16ᵉ et 19ᵉ colonnes).

Dans la même page 161, il additionne l'Arriéré à   19ᵉ Erreur.
710,252,252 fr., tandis que le total de l'état qu'il cite
(C. de 1815, état n° 10, p. 187, 19ᵉ col.), est de
696,028,948 fr.

Cette différence provient d'une erreur de soustrac-   20ᵉ Erreur.
tion du fait de M. Ganilh (p. 160),
il rappelle l'évaluation de l'arriéré.. .   759,000,000.

Il en déduit la nouvelle évaluation.   593,218,000.

La soustraction donne une diffé-
rence de . . . .   165,782,000.

Et M. Ganilh, par pure erreur,
ne porte que . . . .   155,947,000.

Erreur de calcul.. . . . . . .   9,835,000.

21e Erreur. Il poursuit son calcul, et arrive à un résultat de. . . . . 457,891,000.

Et il nous dit naïvement : « On le » porta pourtant, et *je ne sais pour-* » *quoi*, à . . . . 462,079,000.

Je vais le lui apprendre :
1º on y avait compris les . . . . . . 14,023,000.

2º On n'y avait pas compris l'er-reur de . . . . 9,835,000.

Différence . . . . . 4,188,000.
A déduire de la somme de. . . 462,079,000.

Nous voilà revenus à la somme erronnée de M. Ganilh . . . . 457,891,000.

Je reconnais qu'un Praticien, qu'un Commis, doit savoir ses quatre règles ; mais ne serait-il pas convenable qu'un Théoricien sût au moins les deux premières, pour procéder à la révision des Budgets ?

Cette leçon d'arithmétique est ma dernière querelle de chiffres avec M. Ganilh ; j'abandonne la mine inépuisable de ses erreurs. Je n'en ai relevé qu'une vingtaine ; il doit me savoir gré de ma modération.

Bien libre à lui désormais de faire des omissions, des doubles emplois, des fautes d'addition et de soustraction, mais à condition qu'il ne fera pas, de chacune, la matière d'une accusation contre les Ministres.

Je dirai tout ce que je pense : si ces accusations n'étaient pas le comble du ridicule, elles seraient bien coupables.

Que l'opposition conteste aux Ministres les talents, les lumières et tous ces nobles sentimens que chaque Membre prétend être l'appanage exclusif de ses honorables amis : que dans leur tendresse inquiète, soupçonneuse, jalouse, pour le Trône ou pour la Liberté publique, ils s'alarment des concessions d'autorité, ou de fonds qui sont demandées ; qu'ils proclament à la tribune, ou dans des écrits, que les abus sont à craindre, que les Ministres ébranleront le Trône, enchaîneront la Pensée, opprimeront, pressureront les peuples, cela se conçoit, et peut s'expliquer. Tel est leur droit, quelquefois leur devoir, plus souvent leur intérêt.

L'avenir, le vaste champ des conjectures, l'immense domaine de l'imagination, est le patrimoine des Orateurs populaires ; ils y trouvent l'éternel aliment de leurs déclamations bannales. Leurs sinistres prédictions signalent aux Ministres les écueils qu'ils doivent éviter ou affronter, les éclairent sur la route qu'ils doivent tenir pour le salut de tous, et pour leur propre sûreté.

Quand il s'agit de ce que les Ministres feront, liberté entière.

Les défiances, les soupçons, les reproches ne prouvent qu'une chose ; c'est que l'Orateur n'est pas ministériel.

Mais quand il s'agit de ce que les Ministres ont fait, il n'en est plus ainsi.

Le passé est hors du domaine des conjectures; il appartient à l'histoire. La conduite passée d'un Ministre, les actes de son administration, fondent sa réputation, font sa gloire ou sa honte. En devenant Ministre, en cessant de l'être, il reste homme; il en conserve les droits. Nul n'a l'odieux privilège de le harceler, de le flétrir par des assertions hasardées, des déclamations mensongères, des accusations calomnieuses.

Il faut des preuves pour attaquer un Ministre, comme pour accuser un Citoyen: s'il en existe, alors le devoir pénible, le seul devoir d'un Député courageux est de monter à la Tribune, et de déposer les pièces sur le bureau.

La réputation d'un Ministre lui est chère; elle est plus précieuse, plus nécessaire à l'état qu'aucune autre, puisqu'il a rendu, puisqu'il peut rendre de plus grands services; par quel étrange renversement de tout ordre, de toute justice, serait-elle moins protégée, moins sacrée que celle du dernier des Citoyens?

Ces principes sont l'égide des Ministres de tous les tems.

Nous connaissons maintenant à fond ce que M. Ganilh appelle *procéder à la révision des Budgets, épurer les faits au feu de la discussion* (*p.* 11). Que sont devenues toutes ces exagérations et ces atténuations, qu'il reprochait avec tant d'assurance et d'amertume; ces Excédans de Ressources, ces Soldes immenses accumulés dans les coffres, *stériles pour le Trésor et féconds en oppression pour les peuples*; cette abondance inconnue dans les tems les plus prospères, et contraire à l'état de la richesse publique ? Hélas ! M. Ganilh seul, les a vus ou rêvés : les Caissiers n'en ont pas été embarrassés ; l'abondance du Trésor dans ces derniers tems, n'a rien eu de scandaleux.

M. Ganilh fait de fréquentes excursions en Angleterre. J'aime à croire qu'il en connaît les Finances aussi bien que celles de la France. Il y trouve à point nommé tous les exemples qui lui sont nécessaires. Il sait même au besoin, en citer de contradictoires.

Exemples tirés de l'Angleterre.

Ainsi (*p.* 60), il vante la simplicité des liquidations, et la rapidité des payemens; et (*p.* 61 et 128) il loue les formalités et les retards apportés aux liquidations. Il nous exhorte à suivre l'un et l'autre exemple; ce qui est assez embarrassant.

Jusqu'à présent nous croyions tous, qu'en Angleterre comme ailleurs, un Budget était un Projet et non un Compte, qu'il renfermait la demande des Moyens et des Crédits pour les *Dépenses à faire* pendant l'année suivante ou courante. Il nous apprend que « jamais en Angleterre on ne fait de fonds d'avance » pour des dépenses qui ne sont pas liquidées; encore » moins a-t-on la précaution d'ouvrir des Crédits » aux Ministres pour des besoins indéfinis et indéter- » minés. » (*p.* 61)

Il suffirait de la marche naturelle et nécessaire du service, et du vote annuel des Budgets, pour démentir cette assertion Par surcroît, j'ouvre un Compte présenté au Parlement d'Angleterre, et je vois dans l'état des Crédits (*of grants*), que tous les articles accordent des fonds pour l'avenir, et non pour le passé ; pour des *dépenses à faire*, et non pour des *dépenses faites* et liquidées. J'y rencontre une foule d'articles comme les suivans :

« *To enable his Majesty to take such measures*
» AS MAY BE NECESSARY...... *and as exigency of* AF-
FAIRS MAY BE REQUIRE ....

» *To defray the* PROBABLE *amount of bills drawn*
» OR TO BE DRAWN FROM.....

Quoi de plus indéfini que *les mesures qui devien-dront nécessaires?* Quoi de plus indéterminé que *ce que les affaires pourront exiger?* que le montant *probable des traites à tirer?* On accorde donc en Angleterre aux Ministres des fonds d'avance pour les dépenses à faire ; des Crédits pour des besoins indé-finis et indéterminés ; et il est partout impossible de faire autrement.

Quant aux Comptes que les Ministres Anglais pré-sentent aux Chambres, j'en ai plusieurs collections sous les yeux. Je n'en conteste pas la fidélité. Je re-connais qu'il y a des chapitres très-bien présentés ; mais on y trouve peu de liaison, et aucune proportion entre les diverses parties. Des sommes immenses sont portées en une seule ligne, et plusieurs centaines de pages n'offrent que des détails minimes et du plus mince intérêt. Tout homme impartial, instruit ou novice en comptabilité, préférera pour l'ensemble, la méthode et la clarté, nos Comptes de Finances.

Les Anglais sont nos maîtres dans l'art de choisir, d'asseoir et d'administrer les taxes, et dans les systêmes, les combinaisons et l'emploi du Crédit. Sur tous ces points nous ne saurions trop étudier leurs principes et leurs méthodes, pour nous les approprier. Mais leur comptabilité paraît inférieure à la nôtre. Celle-ci n'exige ni 12 années de patience et d'opiniâtreté, ni 46 rapports pour dissiper son obscurité : quelques jours d'étude, et un esprit juste suffisent pour la comprendre et la connaître.

Si je n'avais, pour cette fois, renoncé à discuter des Théories, je demanderais à M. Ganilh, comment il peut considérer les Emprunts, les *Revenus* et les produits de la *Vente* des domaines, comme des capitaux consommés et détruits *au préjudice* des Contribuables, tandis que ce sont des Capitaux créés ou conservés *au profit* des Contribuables : je démontrerais que presque toutes les sommes accumulées dans les pages 107, 168 et 169 sont erronées et arbitraires, et qu'il impute sur les Capitaux, des impôts qui portent sur les Revenus ; enfin il me serait facile de prouver que l'augmentation des produits des Impôts sur les Capitaux, peut être un signe d'accroissement de prospérité, à meilleur titre qu'un signe de décroissement ; il faut me borner. Je le laisse donc s'égarer seul dans sa statistique fantastique des contributions, et dans sa théorie. Je ne le suivrai pas non plus dans son voyage en Amérique ; je le prends à son retour, pour lui apprendre quelle était la Caisse de service, qu'il défigure si étrangement.

CAISSE DE SERVICE.

M. Ganilh ignore entièrement quelle est la *Caisse de service*, ce qu'elle fait et ce qu'elle ne fait pas.

Voyons d'abord ce qu'elle ne fait pas.

« La Caisse de service est une institution nouvelle
» et sans exemple dans l'Administration des finances
(*p.* 114).

Il a raison, et je ne vois dans ces deux lignes qu'un éloge ; mais il ne l'entend pas ainsi.

Elle laisse dans les départemens les fonds nécessaires.

» La *conversion intégrale* des produits de la per-
» ception en effets de commerce, a d'autant plus lieu
» d'étonner, qu'il doit rester dans les départemens
» une somme de 260 millions (*p.* 110) ».

Il n'y a là rien d'étonnant ; car la conversion intégrale n'a pas lieu dans un seul département. Les ins-
tructions prescrivent aux Receveurs de n'envoyer
à Paris, en effets de commerce, que l'excédant de
leurs recettes après le payement de toutes les dépenses de leur département, souvent même des départemens voisins.

« Comment n'a-t-on pas trouvé le moyen de laisser
» dans chaque département la somme nécessaire aux
» dépenses ? (*p.* 117) »

Ce moyen est trouvé depuis la création du Trésor
royal, et cela s'est pratiqué de tout tems.

« Et comment fait-on sans nécessité, mais non sans
» frais, circuler des Départemens à Paris, et de Paris
» dans les Départemens, la prodigieuse somme de
» 260 millions ? (*p.* 177) »

On ne la fait pas circuler.

Mais comment peut-on prendre plaisir à blâmer à tort et à travers ce qu'on ne connaît pas, ce dont il était si facile de s'instruire en deux mots de conversation? Comment enfante-t-on des chimères pour en faire honneur à autrui? Comment peut-on supposer qu'après une longue pratique, les Ministres qui se sont succédé et qui passent, à juste titre, pour d'habiles Administrateurs des Finances, n'auraient pas aperçu les inconvéniens que M. Ganilh a vus du premier coup-d'œil, et auraient attendu pendant 20 ans qu'il leur révélât les vices du Trésor? Se croit-il plus habile qu'eux tous? Il s'écrie emphatiquement :

« Ce n'est pas ainsi que procède l'Échiquier d'An-
» gleterre (*p.* 117) ».

Ce n'est pas ainsi que procède la Caisse de service, et M. Ganilh est aussi peu exact sur les faits que sur les chiffres.

» Le Ministre auquel on doit cette institution a
» pensé que l'on pouvait assimiler le Trésor à une
» Maison de commerce..... C'est sur cette idée.....
» (*p.* 114). »

Le Ministre auquel on doit cette institution, M. le Comte Mollien, a eu des idées plus étendues, plus justes, des pensées plus profondes.

« Y a-t-il quelque parité entre une Maison de
» Banque et le Trésor royal? (*p.* 119) ».

La même parité qu'entre la Direction générale des vivres et une Maison de commerce de grains et de Boulangerie. Si le Directeur de la Caisse de service est un Banquier, le Directeur des Vivres est un Boulanger. Sans faire ces ridicules assimilations, qui ne prouvent rien, reconnaissons dans tous les deux des Administrateurs dirigeant un service public.

Quand les Administrateurs militaires de tous les rangs, les Généraux et Officiers de tous les grades, achètent, vendent et font manipuler les denrées et les marchandises destinées au service de la guerre; quand partout on remplace les Fournisseurs par des Régies administratives, comment prétend-on que le Trésor, en possession de son service depuis 11 ans, doit l'abandonner, et le remettre à des Banquiers, à des Compagnies?

Les Agens militaires ne récoltent aucun des objets que les troupes consomment; ils ne peuvent se dispenser de recourir au Commerce.

Les Agens du Trésor, au contraire, récoltent les écus; aucune manipulation n'est nécessaire pour les approprier au service, il suffit de les verser d'une Caisse dans une autre : toutes les combinaisons se réduisent à des déplacemens de tems et de lieu.

Nous examinerons tout-à-l'heure si les hommes de la Banque sont plus propres à ces viremens que les hommes de la Finance? Quels sont ceux dont l'intervention est plus utile et moins coûteuse? Mais pour mieux apprécier la Caisse de service, remontons à son origine, pénétrons ses causes, observons sa marche et ses résultats.

La loi du 13 novembre 1791, qui détruisit l'ancien Contrôle général des Finances, et organisa le Trésor royal, a formé jusqu'au 1er janvier 1818, la base de la Comptabilité. Première organisation du Trésor royal.

Cette loi avait établi une Théorie impraticable. Elle supposait que toutes les recettes viendraient se réunir à la Caisse centrale, placée au Trésor à Paris, et que toutes les dépenses seraient faites avec des fonds sortis de cette Caisse.

Les Praticiens des bureaux suppléèrent, comme ils le firent alors si fréquemment, à l'inexpérience de nos réformateurs, et à l'insuffisance de la loi. Guidés par leurs souvenirs, ils parèrent aux plus graves inconvéniens, et rendirent la loi éxécutable au moyen de deux fictions fort simples.

1°. Ils prescrivirent aux Receveurs de remettre directement les écus aux Payeurs, et d'envoyer au Trésor les Récépissés des Payeurs; ils étaient portés en recette comme écus, et renvoyés comme tels aux Payeurs.

2°. Ils firent souscrire par les Receveurs des Obligations ou des Bons-à-vue, ou délivrèrent sur eux des Mandats, et des Délégations, qui étaient portés en recette, et remis aux Payeurs.

Ces divers Effets, inventés pour l'ordre de la Comptabilité, eurent à peine été créés, que l'on s'aperçut du parti que l'on pouvait en tirer pour le service.

Les Recettes sont lentes et les Dépenses urgente s les Recettes sont disséminées sur toute la France, les

plus fortes Dépenses sont concentrées à Paris et sur
quelques autres points principaux. Nulle part presque , et à aucun instant, les Recettes et les Dépenses
ne sont en équilibre : il parut simple et commode,
tantôt de forcer les Créanciers à recevoir en payement les Effets à recouvrer dans les lieux où le Trésor avait des excédans de ressources ; tantôt de
vendre ou négocier ces Effets pour se procurer des
fonds.

Premières
négociations
usuraires.

Pendant long-tems, on n'eut pas d'autre habileté.

Ces Négociations étaient confiées à des Faiseurs
d'affaires, ou a des Banquiers désintéressés, qui se con-
tentaient du modique profit de 3o ou 4o pour cent.
Les Rescriptions , les Délégations, les Obligations,
éprouvèrent long-tems une pareille perte.

Le Trésor , en donnant par exemple, 1oo,ooo fr.
à prendre dans les Caisses des Receveurs, dans quelques mois , ne recevait que 6o,ooo , ou 7o,ooo fr.

Souvent même les combinaisons des Banquiers
d'alors étaient si habiles , qu'ils ne faisaient aucune
avance : ils s'arrangeaient pour toucher d'abord les
1oo,ooo fr., puis ils versaient 6o,ooo fr. et gardaient
3o ou 4o,ooo fr. pour prix de leur *savoir faire*, bien
plus que de leurs services.

Beaucoup firent mieux encore : ils encaissèrent les
1oo,ooo fr. et ne versèrent rien. Il existe dans les
archives du Trésor, dans les cartons de l'Agence ju-
diciaire, plus de cent dossiers de Traités de négociations qui ont eu une pareille issue, depuis 1791 jusqu'en l'an 8.

Cette époque de désordre et d'incapacité Financière fut le siècle fortuné des Faiseurs d'affaires. C'est
de cette époque que datent tant de fortunes scanda-
leuses, évanouies depuis, et dont si peu ont survécu
au retour de l'ordre et de l'économie.

En l'an 8, l'ordre commença à renaître dans les
Finances. Les traités devinrent moins onéreux, et
les déficits moins fréquens.

Une Compagnie de Banquiers obtint le service des
Négociations du Trésor, en l'an X : elle le fit assez
chèrement (quinze pour cent), mais avec exactitude.

Les Receveurs-généraux des Finances, se réuni-
rent. Ils offrirent des conditions plus modérées;
(neuf pour cent); ils obtinrent la préférence et
firent le Service pendant les années XI et XII.

Une autre Compagnie de Banquiers vint offrir des
conditions en apparence encore plus modérées : (six
pour cent). Elles séduisirent. On ne soupçonna pas
ses vues secrètes, et le service lui fut confié pour l'an
XIII et l'an XIV.

Cette Compagnie se hâta de réaliser les Obligations
et les autres Effets publics; elle les prodigua et les
avilit.

Au service du Trésor et des Vivres de la Guerre et
de la Marine, elle ajouta les fournitures de terre et de
mer au Gouvernement espagnol, les Négociations de
la Caisse de Consolidation de Madrid, le Commerce
des traites en Piastres sur l'Amérique : elle aventura
les fonds du Trésor dans vingt entreprises hasardeuses :

elle les dissémina en Hollande, en Espagne, en Amérique.

Dès le mois de brumaire an XIV, cette Compagnie manqua à tous ses engagemens envers le Trésor, qui avait outrepassé les siens envers la Compagnie : un Compte fût fait et constata le Déficit prodigieux, et jusqu'alors sans exemple, de 141 millions.

Il faut bien rappeler encore cette grande leçon, puisque je retrace le chemin qui a conduit à la Caisse de Service ; puisque des hommes, pour lesquels l'expérience n'est rien, et dont les Théories sont peu de chose, vantent l'avantage qu'il y aurait pour le Trésor, d'employer des Compagnies et des Banquiers ; puisqu'ils taxent d'inconvenance, d'abus, et presque de malversation, l'institution qui a rendu au Trésor son propre service.

En janvier 1806, 141 millions avaient été détournés ; les Caisses publiques et les Portefeuilles étaient vides ; les impôts dévorés à l'avance pour plusieurs mois ; la Banque avait ressenti le contre-coup de ces fausses opérations, réduit son escompte et ralenti le remboursement de ses billets ; les Obligations des receveurs-généraux perdaient 18 à 22 pour cent par an.

Un nouveau Ministre, M. le Comte Mollien, fut appelé au Trésor.

Il avait prévu cette grande catastrophe ; il l'avait vainement annoncée. Il en connaissait les causes ; il en avait observé les progrès : il adopta dès son début, un système entièrement opposé, et qui devait garantir les Finances du retour de pareils désastres.

Il écarta entièrement les Banquiers, et la Banque même, autant que cela lui fut permis, du service du Trésor. Il le rendit aux Agens naturels du Trésor, aux Receveurs-généraux.

Mais au lieu d'en confier la direction et d'en abandonner les profits à quelques-uns d'entre eux, au moyen d'Agences ou de Comités, il en prit lui-même la direction, et il en réserva les profits au Trésor.

Il institua la CAISSE DE SERVICE.

La pensée fondamentale de cette institution est simple comme les grandes pensées ; elle fut utile comme les bonnes pensées.

Rien ne fut changé au Trésor ni chez les Comptables. Des intermédiaires inutiles, dispendieux, dangereux, furent écartés ; une sûreté entière, une facilité incalculable, et une grande économie furent obtenus.

Les Spéculateurs, les Capitalistes qui regrettaient les gros profits, gémirent en secret, et vouèrent dès sa naissance, haine à la Caisse de service, laquelle, non contente d'échapper à leur joug, allégeait celui qu'ils imposent au vrai Commerce, et tarissait les sources de leurs profits.

Ils revendiquaient les intérêts usuraires, comme leur patrimoine : ils se plaignaient du Trésor comme d'un esclave révolté : ils murmuraient sourdement ces reproches insignifians dont, après douze ans, M. Ganilh se fait la bruyante trompette : *que l'on ne pouvait assimiler le Trésor à une maison de banque ; que c'était avilir une Administration, dégrader un*

Ministère que de l'occuper d'Escompte, d'Agio, de change, d'Effets de commerce, de Traites et Remises: Comme si rien de ce qui est utile à la Chose publique, pouvait être indigne d'un Administrateur; comme si la plus noble occupation d'un *Ministre*, n'était pas de rechercher les Économies, d'alléger le fardeau des Contribuables; de faciliter, d'assurer, d'accélérer le payement des Créanciers de l'État?

La Caisse de Service laissa dire, et poursuivit le cours de ses opérations, c'est-à-dire de ses succès.

Baisse de l'Intérêt.

En peu de mois, l'intérêt descendit de 22, a 6 pour cent.

Les Commissions à un et demi, 2, 3 et 4 pour cent, disparurent : les plus fortes n'excédèrent plus demi pour cent.

Pendant long-tems le taux de la Négociation des valeurs de la Caisse de service, resta stationnaire a 4 pour cent par an : taux d'intérêt si rare pour les meilleurs Effets de commerce, et presque sans exemple dans les Finances françaises.

Le Commerce, l'Agriculture, bien plus encore que le Trésor, profitèrent de cette baisse de l'intérêt, véritable bienfait public.

La Banque de France suivit l'exemple qu'elle aurait dû donner; en 1807 et jusqu'en 1814, elle réduisit le taux de son Escompte, à 4 pour cent par an.

Diminution des Frais de négociation.

Les dépenses des Frais de Négociation diminuèrent. Les Comptes vont nous dire quel était le montant de ces Frais, avant la Caisse de service ; quels ils ont été pendant sa durée.

ANNÉES.	MODE DE SERVICE.	FRAIS de NEGOCIATIONS (a)	PAYEMENS ANNUELS. (b)
An 9.	Négociations sur la place, et à divers Banquiers.	32,000,000.	526,000,000.
An 10.	Compagnie de Banquiers . . .	15,000,000.	563,000,000.
An 11.	Agence des Receveurs-généraux.	11,500,000.	668,000,000.
An 12.	*Idem*, et opérations avec les Banquiers.	18,550,000.	860,500,000.
An 13.	Compagnie de Banquiers. . . .	13,330,000.	780,000,000.
An 14.	Débacle de la Compagnie; fondation, le 15 août, de la Caisse de service	(d) 24,000,000.	(c) 755,500,000.
	TOTAUX des six années antérieures à la Caisse de service.	114,380,000.	4,153,000.000.
1807.	Caisse de service seule.	10,200,000.	779,500,000.
1808.	*Idem*.	8,750,000.	806,000,000.
1809.	*Idem*.	8,750,000.	840,500,000.
1810.	*Idem*.	9,900,000	864,500.000
1811.	*Idem*.	9,700,000.	1,098,500,000.
1812.	*Idem*.	12,150,000.	1,086,500 000.
	TOTAUX des six premières années de la Caisse de service. .	(e) 59,450,000.	5,475,500,000.

(*a*) Le montant des Frais de négociations est conforme aux états détaillés de ces frais insérés dans chaque Compte du Trésor.

(*b*) Les totaux des payemens sont extraits de chaque Compte du Trésor, en réunissant les fonds généraux et les fonds spéciaux.

Ceux des huit dernières années sont pris dans le Compte de gestion publié en 1816. (Etat n° 10, p. 26.)

(*c*) Déduction faite de 210 millions pour les payemens des cent derniers jours de 1806, proportionnellement.

(*d*) Déduction faite des cent derniers jours de 1806, et de 3,000,000 fr. pour la part proportionnelle des frais de négociations de ces cent derniers jours dans la somme de 4,099,000 fr. payés pendant les cent trente-neuf jours depuis la création de la Caisse de service.(C. du Trésor de 1806, p. 114, Etat 77.)

(*e*) 1813, année de désastre, coûta en frais de négociations, 19,400,000 fr. Le Trésor paya 1,040,000,000 fr., en comprenant 1813 dans ces calculs, les résultats ne changeraient pas. Ces frais de négociations égalent le terme moyen des six années antérieures à la Caisse de service, et les payements sont plus forts.

RÉSULTAT.

Les Frais de Négociations des
six années qui précédèrent la Caisse
de service s'élevèrent à, ...   114,380,000.

Les Frais de Négociations des
six premières années de la Caisse
de service furent de. . . . .   59,450,000.

Il y eut donc une première *éco-
nomie* de. . . . .   54,930,000.

Les payemens auxquels il fallut
pourvoir furent,

Pendant les six premières années
de. . . . .   4,153,000,000.

Pendant les six autres années,
de. . . . .   5,475,500,000.

L'accroissement dans les dépenses
fût de la somme de . . . .   1,322,500,000.

Cet accroissement augmenta
considérablement les Frais de service et de transports, de Commissions et d'Intérêts; lesquels dans la
proportion des Frais des six premières années se seraient élevés
à . . . .   36,070,000.

La première *Economie* établie
ci-dessus est de . . . .   54,930,000.

On peut donc prétendre que
l'*Economie* matérielle et réelle que
la Caisse de service procura en
six années dans les frais de négo-
ciations fut de. . . . .   91,000,000.

Plus de 15 millions par année.

On tenterait vainement d'attribuer cette Economie prodigieuse aux circonstances politiques. En 1807, et les années qui suivirent, les Subsides d'Espagne et de Portugal cessèrent, il fallut y envoyer des sommes immenses et à grands frais; les Contributions extraordinaires d'Allemagne ne furent pas versées au Trésor, la partie qui lui fut prêtée le fut à intérêt au cours de la place; l'immense étendue de l'Empire, le grand éloignement des départemens réunis, et les pertes sur leurs monnaies étrangères, l'énormité du service, les préparatifs de tant de folles guerres pesèrent sans interruption sur le Trésor: toutes ces causes auraient dû exagérer les Frais de Négociations et cependant ils diminuèrent de 15 millions par an, et il en résulta une Economie de 90 millions.

Que l'on conteste, que l'on déduise tant que l'on voudra, il restera au moins 50 ou 60 millions d'économie incontestable : assez beau résultat d'une Théorie administrative, d'un mécanisme de Trésorerie, d'une habileté financière.

De plus pendant sept années, le Trésor fut préservé de la gêne, du discrédit dans lesquels toutes les autres administrations étaient plongées; son service se faisait avec une facilité, une abondance inconnue auparavant, perdue depuis; libre dans sa marche, indépendant, il accordait des secours, et n'en sollicitait point.

Ces admirables résultats furent l'œuvre de la Caisse de service, ou plutôt du Ministre qui la dirigeait.. Que faut-il de plus pour juger un Système et un Administrateur, pour éprouver une institution? Que

peuvent contre de tels résultats les vaines allégations
et les déclamations vagues ?

Mais, dit-on, comment la Caisse de service peut-
elle procurer des Economies, puisqu'elle alloue aux
Receveurs des Commissions *nombreuses*, (p. 120),
et des Intérêts sur leurs avances ?

La réponse est facile : c'est que le plus souvent les
Commissions et les Intérêts ne sont que l'équivalent
des Frais de Transports et des pertes que le Trésor
éprouverait par les retards et les difficultés des payemens et des envois de fonds.

« Une Maison de Banque s'avisa-t-elle jamais de
» payer des Commissions à ses Commis, à ses Por-
» teurs (p. 121) ? »

Une Maison de Banque paye des appointemens, et
souvent elle accorde à ses Commis et à ses Caissiers
des intérêts proportionnels à la masse des opérations,
ou au montant des bénéfices.

La qualité d'Agent du Trésor n'est pas un empêche-
ment, mais un droit de concourir à son service, si
elle donne plus de moyens pour le faire. Peu importe
que le Trésor paye Commission à un Banquier où à
un Receveur; l'essentiel est qu'il paye le meilleur
marché possible. Voyons lequel des Receveurs ou des
Banquiers met ses services à plus bas prix, puisqu'aucun d'eux encore n'a voulu travailler *gratis*.

De tout tems les Receveurs ont joui de Commissions
et d'Intérêts.

Quand les Banquiers achetaient au Trésor, ou sur
la place les Rescriptions, les Délégations à 30 et 40
pour cent de perte, ils abandonnaient généreusement

une part dans leurs profits aux Comptables qui hâtaient leur remboursement ; ils payaient grassement des Intérêts et des Commissions pour recevoir avant tout autre, et au préjudice des Créanciers plus recommandables.

Lorsque des Compagnies régulières furent chargées du service, elles se hâtèrent d'établir leurs relations avec les Receveurs-généraux, elles leur accordaient des Commissions et des Intérêts plus élevés que ceux qu'ils obtiennent de la Caisse de service.

La Caisse de service n'a donc alloué aucun avantage nouveau aux Receveurs-généraux; elle leur a conservé ceux dont ils jouissaient avant sa création; elle les a fixés à des taux beaucoup plus modérés que ceux que les Banquiers exigeaient du Trésor, en se plaçant entre lui et ses Agens.

Car *toujours les Banquiers et les Compagnies se sont servis et se serviront des Receveurs-généraux, agens du Trésor, pour faire son service.* Il est peu de fait plus constant en Finance, et dont l'exemple se soit plus fréquemment répété; nous l'avons en ce moment sous les yeux.

Dès qu'un Banquier ou une Compagnie est chargé de recouvrer une partie de recette et de pourvoir à une dépense quelconque, si une Commission de *un et demi pour cent* lui est allouée, son premier soin est d'offrir au Receveur-général une part dans cette Commission (demi pour cent).

L'intermédiaire assure ainsi son opération sans aucun effort de génie, sans aucune peine, sans aucune

Par la Caisse de service.

Accroissement de frais par l'emploi d'intermédiaire.

avance, et il se réserve le surplus du bénéfice, (un pour cent).

Si l'opération est majeure, s'il s'agit de 200 millions, par exemple, sur la commission de un et demi, ci . . . . 3,000,000.

La Caisse de service aurait alloué demi pour cent aux Receveurs-généraux, ci . . . . 1,000,000.

Elle aurait procuré au Trésor une économie de . . . . 2,000,000.

Je n'examine pas s'il est des avantages qui peuvent dédommager d'un pareil sacrifice; je ne discute pas une Théorie, je fais des calculs, et j'en tire cette conclusion, qu'en écartant tout intermédiaire entre le Trésor et les Receveurs-généraux, la Caissse de service économise les profits que ferait cet intermédiaire.

Par ce calcul, par ce raisonnement, je réponds à cette question de M. Ganilh. « Ne serait-il pas plus éco- » nomique pour le Trésor, de confier la négociation » de toutes ces valeurs à la Banque, et les Commis- » sions qu'il serait obligé de lui payer, ne seraient- » elles pas suffisamment compensées par les frais » de la Caisse de service ? »

» C'est une question digne de fixer l'attention du » Gouvernement et des Chambres (p. 121).

Les faits et les calculs qui précèdent, jettent un grand jour sur cette question, et en facilitent singulièrement la solution.

Il reste démontré que lorsque le Trésor emploie directement ses Agens, il ne paye qu'une Commission, et que lorsqu'il recourt à un intermédiaire, il paye la Commission double ou triple. J'en conclus que comme moyen d'Administration de Finances et de Crédit, l'intervention des Banquiers et des Banques est onéreuse, reste nulle, ou devient funeste. Quelques courtes réflexions ajouteront une nouvelle force à cette démonstration.

Les dépenses et les besoins du Gouvernement (700 *millions à un milliard*), sont hors de toute proportion avec les moyens des Banquiers, et même avec les Capitaux des Banques, et les Emissions de billets. On ne peut donc faire le service du Trésor, même partiellement, qu'avec les fonds du Trésor.

S'il est fidèle, on ne lui a prêté, à un haut prix, que son propre argent et son Crédit.

S'il manque à ses engagemens, il entraîne immanquablement les Banquiers, et les Compagnies qui se sont liés d'affaires avec lui, qui tiraient toute leur force de la sienne, lui vendaient chèrement un Crédit imaginaire, et ne lui prêtaient aucun appui.

Ces fatales liaisons commencent sous les plus heureux auspices. On invoque les principes du Crédit. Les premières offres sont séduisantes. On proclame hautement qu'un noble dévouement, un pur désintéressement portent les Banques ou les Banquiers, à venir au secours du Crédit public. *Dans la latitude de leur confiance, ils ne s'arrêteront que devant la* limite que le Gouvernement lui-même aura fixée. Mais cette générosité naît et expire dans la Tribune.

L'Orateur avait oublié de parler du prix des services, et on peut justement apprécier ces belles paroles, ces beaux sentimens, quand il faut régler les Comptes et payer les Frais.

On n'a donné que des secours insuffisans et illusoires ; on n'a fourni qu'un vain papier dont les produits des impôts ont fait les fonds avant les échéances ; on s'est assuré triple garantie ; et pour de tels services on exige des intérêts usuraires déguisés sous des Commissions exorbitantes.

Jamais, je le répète, le Service du Trésor n'a été et ne sera mieux assuré et moins coûteux, que lorsqu'il l'a fait et le fera par lui-même. C'est depuis que la Caisse de service a été instituée (en 1806), que les Frais de Négociation ont diminué ; que les Intérêts usuraires, que les Commissions excessives ont cessé de dévorer les impôts et de déshonorer les Finances pour enrichir scandaleusement quelques hommes aventureux. Et cependant M. Ganilh prétend que, « de toutes ces méthodes il n'y en a pas une » qui soit dans les intérêts des Contribuables, (p. 124) ».

Laissons les déclamations, voyons les preuves.

Perception des Impôts.

« L'intérêt des Receveurs, et non leur devoir, » met un obstacle absolu à tout espoir de répit pour » le Contribuable, par là on peut juger à quel point » ce mode de perception est rigoureux, à quelles

» poursuites, à quels frais il expose les Contribuables,
» (p. 115) ».

Les Comptes vont encore répondre. Il nous apprendront qu'en l'an 11 (1803), dans 108 départemens, sur un recouvrement total de 350 millions les frais de poursuites s'élevèrent à (C de l'an XI, état M, p. 66), ci . . . . 2,058,000.

En 1812, dans 132 départemens, sur un recouvrement total de 438 millions, les frais ne furent que de (C 1812, état n° 10, p. 196), ci . . . . 1,446,000.

Ils étaient en l'an XI dans la proportion de . . . . $1/175^e$.

Ils étaient réduits en 1812 à la proportion de . . . . $1/303^e$.

Voilà quelle a été la fâcheuse influence de la Caisse de service et de ses primes sur les frais de poursuites et sur les rigueurs exercées contre les Contribuables.

Les Inspecteurs, que M. Ganilh honore de ses censures, l'ensemble de la surveillance et de l'administration, ont sans doute beaucoup contribué à une amélioration aussi sensible. Nouvelle preuve que lorsque le recouvrement des impôts est surveillé avec sévérité et suivi avec zèle et intelligence, les poursuites sont moins nécessaires, les frais diminuent et les contributions sont payées avec exactitude ; il semble que leur poids s'allège.

Quand au contraire la surveillance est nulle, la

perception molle et languissante, quand des délais, des répits sont accordés, les arrérages s'accumulent, la position du Contribuable empire chaque jour, et quand enfin on se décide à recourir à des poursuites tardives, elles ne peuvent assurer le recouvrement, et les frais consomment la ruine du Contribuable retardataire.

Les produits des impôts, leurs échéances, leur emploi sont fixés au Budget. Quand ils sont votés il faut qu'ils soient perçus intégralement. Le Trésor ni aucun de ses agens, ne peut accorder des répits, des remises, sans nuire au Créancier de l'état ou au Contribuable exact qu'il expose à payer par réimposition, la cote du retardataire et de l'insolvable.

Applaudissons donc à ces sages institutions des Inspecteurs et de la Caisse de service, qui en *tenant sans cesse les Comptables en haleine*, en mettant leurs intérêts d'accord avec leurs devoirs, assurent la perception intégrale des impôts et le versement exact au Trésor, avec le moins de poursuites et de frais possible.

Motifs des divers taux des Commissions.

Les divers taux des Commissions allouées aux Receveurs-généraux, ne sont pas réglées au hasard. Il faut dire qu'elles sont *variées*, mais non qu'elles sont *nombreuses*, car elles ne se cumulent point.

Elles sont fixées suivant les avantages que les opérations confiées aux Receveurs doivent procurer au Trésor, aux Contribuables et au Commerce, et suivant les frais qu'elles économisent.

Il n'y a pas de Commission sur les envois d'espèce

par la diligence. Cette opération n'exige aucun talent, n'impose aucune responsabilité; elle est contraire aux intérêts du département; c'est la dernière à laquelle les Receveurs doivent avoir recours. Mais dans ce cas, il faut payer les Frais de transports qui sont souvent plus chers que la Commission; la Commission a pour but de les rendre plus rares et moins coûteux.

Lorsque dans un département, le Crédit du Receveur, se grandissant de tout, celui du Trésor suffit pour nourrir et solder une armée entière, ces puissans efforts, ces grandes opérations obtiennent indemnité et récompense au moyen d'une Commission.

La Commission la plus élevée, et elle n'excède jamais demi pour cent, est sur les remises en Effets de commerce, qui exigent du discernement, qui imposent une responsabilité, et sont dans l'intérêt bien entendu du Commerce et des Contribuables.

En élevant, en abaissant les Commissions, le Ministre dirigeant la Caisse de service, pousse à son gré les Comptables vers les opérations les plus utiles au Trésor, les plus favorables aux Départemens. Par d'habiles combinaisons, il les gouverne sans embarras, sans arbitraire; le règlement de leurs Comptes distribue à chacun indemnité et récompense en proportion de son zèle et de ses succès.

Sa Comptabilité.

M. Ganilh s'étonne (*p.* 149), de n'avoir trouvé nulle part la Comptabilité de la Caisse de service; il se plaint d'ignorer ses pertes ou ses bénéfices.

Cependant les Comptes publiés en renferment tous

les détails. Je vais, pour dernière leçon, lui indiquer où il les trouvera.

Les opérations de la Caisse de service ne consistent qu'en mouvemens de fonds et *Conversions de valeurs* ; ses seules dépenses sont les Intérêts et les Commissions alloués à titre de Frais de service et de négociations. Les comptes de ces frais ont été imprimés chaque année dans les Comptes du Trésor avec des détails qui ne laissent rien à desirer.

La Comptabilité entre cette Caisse et les Receveurs-généraux se réglait tous les trimestres ; celle avec le Trésor se réglait et était soldée tous les jours, car la Caisse de service ne recevait pas une Obligation, pas une Valeur du Trésor, qu'elle ne remît à l'instant ou des écus à Paris, ou des Mandats et Rescriptions sur les Receveurs-généraux ; s'il a fallu revenir sur ces comptes réglés journellement, si le Trésor s'est trouvé débiteur de la Caisse de service, c'est parce qu'il lui avait remis des Bons de la Caisse d'Amortissement, des Obligations de Receveurs, et d'autres effets dont les événemens ont enlevé les gages et les débiteurs : de là est né le Passif des Caisses.

Son Indépendance.

La Caisse de service avait été prudemment constituée, et elle fut courageusement maintenue indépendante et sans contact avec un Gouvernement qui n'aurait pas tardé à y introduire ses habitudes et ses principes de mauvaise foi et de spoliation, et à la frapper de discrédit et de mort.

Quoique les mêmes dangers n'existent plus, peut-être eût-il été préférable de maintenir cette indépendance, qui est de l'essence de l'institution, et qui n'a pas le plus léger inconvénient ; mais elle n'existe plus : les Comptes de la Caisse de service, dans tous leurs détails, font partie des Comptes de gestion publiés en 1816 et 1817, et distribués aux deux Chambres.

Quant aux Émissions et aux Négociations d'Effets, j'ai rappelé qu'elles ne sont pas particulières à la Caisse de service ; elles ont eu lieu de tout tems, elles furent rétablies le lendemain de la loi du 13 novembre 1791.

Emissions et négociations d'Effets.

On ne contestera pas qu'un Ministre a le pouvoir, et qu'il est dans ses attributions de régler le rang des Créanciers, d'assigner à chacun le jour et le lieu de son payement ; de donner ordre à chaque Receveur ou Payeur, de verser ou payer telle somme, à telle époque, dans tel lieu : or, ce seul ordre, cette assignation sont des Effets négociables : que le public y prène confiance, le Crédit du Trésor et ses instrumens sont créés.

Tous les Effets du Trésor, de quelque forme, de quelque dénomination qu'ils soient, ne sont que des ordres donnés par le Ministre, ou en son nom ; que des engagemens de payer telle somme à telle échéance, dans tel lieu, sur les Recettes et pour des Dépenses des Budgets.

L'Émission de ces Effets et leur Négociation sont dans les limites des attributions du Ministre. Ces actes de son Administration, le bon emploi de ces moyens de service, le bon usage de cette faculté, par lui-même ou par ceux auxquels il la délègue, sont garantis par la responsabilité ministérielle. Cette faculté existe de tout tems et dans tous les Trésors publics : elle est nécessaire, indispensable, pour administrer des Finances, pour assurer le recouvrement des recettes et le payement des dépenses.

Tant qu'il y aura des Administrations, leurs Agens, Administrateurs, Caissiers, Garde-magasins, chacun dans l'exercice de ses fonctions, engagera le Gouvernement, lui créera des Dettes, et constituera des Créances sur lui, par une signature au bas d'un Récépissé ou d'un Effet.

Il n'est pas plus étonnant, il n'est pas plus dangereux qu'un Caissier, en reconnaissant avoir reçu telle somme en argent, ou en ordonnances, crée un Effet payable à une époque déterminée, qu'il ne l'est qu'un Garde-magasin, par ses reçus constitue une Créance de plusieurs millions.

La responsabilité des Agens des Finances est la mieux assurée, et le danger est moindre, puisqu'ils ont des cautionnemens, et de grandes habitudes d'ordre et de sévérité.

Il n'est pas plus étonnant, il n'est pas plus dangereux, qu'un Ministre des Finances puisse négocier les Valeurs du Trésor, disposer des fonds du Budget, qu'il ne l'est que les Ministres de la Guerre et de la Marine, fassent mouvoir les Flottes et les armées. Je suis cette comparaison.

Les Ministres de la Guerre et de la Marine, ne peuvent lever un seul homme sans une loi; mais lorsque des hommes ont été votés, il les enrégimentent, les embarquent, les envoient au combat, à la mort ou à la victoire, sous leur responsabilité.

Le Ministre des Finances ne peut pas lever un denier sans une loi, ne peut faire acquitter une Dépense sans un Budget voté par les Chambres. Il ne peut ajouter au Grand-livre de la Dette publique; parce que ce serait ajouter un Capital aux voies et moyens de l'année, et ajouter aux Impôts et aux Dépenses à venir, des intérêts qui n'auraient pas été votés.

C'est parce que les Billets de l'Échiquier ne sont pas des Effets à échéances, c'est parceque chaque année ils sont consolidés, qu'ils sont votés dans le Budget.

Mais il existe en Angleterre comme en France, comme partout, des Effets à échéances, analogues à ceux de la Caisse de service, qui ne sont pas compris dans les Budgets.

Les Chambres peuvent étendre ou restreindre le Crédit des Frais de Négociations, comme tout autre Crédit, et par là, modérer les émissions de valeurs, si elles leur paraissent inutiles, trop étendues ou dangereuses : mais lorsque le Ministre donne ou fait donner des ordres et des assignations de payement, qu'il fait émettre des Effets à échéances qui sont employés à payer des dépenses du Budget, et qui seront acquittés sur les produits du Budget; lorsqu'il fait des négociations dont il acquitte les frais sur le Crédit légal des frais de Négociations; il se meut entre les parallèles

tracées par le Budget : il doit., comme tout autre Ministre, agir librement, sans contrôle, sans surveillance,
jusqu'au moment de rendre compte. S'il abuse ,
il est responsable, accusable.

Quand les Comptes sont présentés , alors seulement
arrive pour les Chambres le moment d'exercer leur
contrôle, de faire sentir leur autorité, de témoigner
leur satisfaction ou leur mécontentement. Cette autorité imposante qui , jusqu'alors, a semblé sommeiller ,
qui s'est bornée à observer, se réveille , et reprend
tous ses droits. C'est le grand jour du jugement : les
Ministres sont cités au Tribunal auguste des deux
Chambres, au Tribunal suprême de l'opinion publique ; le Livre de leurs œuvres est ouvert ; ils sont
élevés au rang des élus du peuple, ou leur conduite
est réprouvée.

La surveillance minutieuse, ombrageuse et tracas-
sière à laquelle M. Ganilh voudrait que les Chambres
assujettissent l'Administration des Finances et les
mouvemens les plus ordinaires du Trésor, n'existe
nulle part. Pour en retrouver le modèle, il faut se
reporter à ces tems de douloureuse et d'absurde mémoire , où de prétendues Chambres de soi-disant Re-
présentans du peuple avaient établi des Commissaires
pour surveiller les Ministères, qu'ils commencèrent
par désorganiser, et finirent par envahir ; où des Députés étaient attachés à chaque Armée, à chaque
Flotte.

Je me hâte de le reconnnaître, les hommes, les tems,
les intentions sont totalement différens, opposés ;

et toute comparaison est bien loin de ma pensée ;
mais qu'on y prenne garde ; la Théorie, les principes,
sont les mêmes. Tant d'entraves imposées à l'Administration conduiraient à une prompte désorganisation ;
il n'y aurait bientôt plus ni Recette assurée, ni Dépense payée à propos, ni Ministre, ni Trésor, ni Gouvernement.

Je me flatte d'avoir écarté toutes les injustes censures adressées à la Caisse de service ; mais je n'ai in-
diqué que bien incomplettement et comme en passant
ses nombreux et incalculables avantages. Je les ré-
sume succinctement :

La Caisse de service a replacé sous la direction du
Ministre la partie la plus délicate des opérations du
Trésor ; elle lui a rendu son indépendance ; et a ré-
tabli son Crédit :

Résumé
des
avantages.

Elle a écarté des intermédiaires inutiles, dispendieux,
dangereux, entre le Trésor et ses agens :

Elle a mis fin aux opérations usuraires avec les Banquiers, à leurs profits excessifs et gratuits, à leurs
Déficits énormes et répétés :

Elle a diminué de 15 à 12 millions au moins, par
année, les Frais de Négociations, facilité le service
et assuré l'abondance.

En plaçant l'intérêt des Receveurs-généraux dans
l'accomplissement de leurs devoirs, elle a assuré le
recouvrement exact et intégral des Contributions ;
les a portés à percevoir avec habilité et ménagement,
en diminuant les frais et les poursuites ; à verser

promptement au Trésor ; à éviter les déplacemens et les transports d'espèces ; à employer les voies les plus avantageuses au Commerce et aux Contribuables : elle a excité leur zèle, accru leurs moyens pour aider le service du Trésor de leurs propres fonds, et de leur Crédit : elle a assuré la surveillance sur les Comptables, et rendu les débets plus rares et plus faibles :

Enfin, étendant son heureuse influence bien au-delà du cercle dans lequel elle semblait circonscrite, en opérant la baisse de l'intérêt à quatre pour cent, elle a reprimé l'usure, favorisé le Commerce, et l'Agriculture, et facilité le recouvrement des Impôts.

Me traînant sur les pas de M. Ganilh, je me suis attaché à rectifier les calculs, les faits et les raisonnemens erronnés par lesquels il avait attaqué la Caisse de service ; si prenant ce sujet de plus haut, et l'envisageant dans toute son étendue, j'eusse développé la Théorie de la Caisse de Service, si je l'eusse montrée fondée sur les principes les plus incontestables et les plus féconds de l'économie politique et dirigée par les vues les plus éclairées et les plus profondes, j'aurais composé un tableau plus frappant ; mais quelques pages ne m'auraient pas suffi. Craignant mon insuffisance, j'ai dû me borner à défendre les points contestés, à rectifier les faits, rappeler les principes et les résultats.

Je dois laisser à une main plus habile, à donner le plan fidèle de cette belle machine de Crédit et de Finances, à nous expliquer les ressorts qu'elle fesait jouer avec tant d'habileté. Je serai assez heureux, si la faible esquisse que j'ai tracée, contribue à rappeler l'attention sur une institution aussi modeste qu'utile, à la faire mieux apprécier; et si le créateur de cette Caisse, retrouve dans cet essai, quelques-unes de ses pensées; s'il y reconnaît ses principes, et le fruit de ses leçons.

Un autre écrivain nous déclare que l'ouvrage de M. Ganilh sera lu avec un juste intérêt, et présente, » une analyse des Budgets antérieurs, qui reposant sur » des calculs positifs doit amener des explications, » (p. 20) »

J'ai donné ces explications, on peut maintenant apprécier à leur juste valeur ces calculs positifs; examinons ceux de cette autre brochure intitulée :

Aperçu Théorique des Emprunts.

Le but de l'Auteur est de rechercher lequel est préférable, du système des *Emprunts remboursables,* ou du système des *Emprunts rachetables,* autrement dit de l'*Amortissement,* (p. 1er): « Cette solu- » tion, dit-il, appartient presque toute entière au » calcul; et ce n'est aussi que par des chiffres, que » j'ai essaié d'en préparer la solution, (p. 3)»; mais il s'égare dès les premiers pas; il se trompe dans la position des hypothèses, et dans les moyens de solution, comment n'arriverait-il pas à des conclusions erronées! ses dix hypothèses, et ses dix comparaisons sont toutes plus ou moins fautives.

Au premier coup-d'œil, on voit, (p. 3o, Résumé comparatif, et p. 31, 34, 37, 38 et 39), que quoique ses Emprunts *remboursables*, soient tous remboursés en 25 ans, avec les intérêts simples, il les compare avec des Emprunts *rachetables* dans une durée qui varie de 21 ans à 14 ans, avec les intérêts des intérêts. Dans les dernières pages, il compare des *Rachats* en 23, 26 et 34 ans, avec des *Remboursemens* en 5o, 65 et 65 ans : ainsi il compare entre eux des Emprunts de durées différentes, et de taux différens, sans les réduire à une durée et à des taux égaux ou proportionnels.

Rien assurément n'est moins philosophique, moins théorique, moins méthodique qu'une pareille manière de procéder ; elle pêche contre toutes les règles du calcul et du raisonnnement.

Je vais indiquer les erreurs, expliquer leurs causes et redresser les calculs des dix hypothèses et comparaisons renfermées dans l'*Aperçu Théorique*.

Je commence par la septième comparaison, (état n° 4); je la préfère, parce qu'elle offre l'exemple le moins compliqué ; celui dans lequel les erreurs sont plus évidentes et plus étonnantes ; elle donnera la clef de toutes les autres.

L'hypothèse est celle-ci :

Un Emprunt de un milliard étant fait et remboursé, AU PAIR, à cinq pour cent coûtera .... 1,65o,ooo,ooo.

1.° Emprunt _remboursable_ en 25 ans.	{	Capital remboursé... 1,000,000,000.
		Intérêts payés..... 650,000,000.
2.° _Amortissement au pair,_ en 17 ans	{	Capital remboursé... 1,000,000,000.
		Intérêts payés..... suivant la durée.

Nous ne trouvons, et il ne doit, en effet, y avoir aucune différence sur le remboursement du Capital : mais M. le Duc de Gaëte a posé autrement la seconde partie de son hypothèse.

1.° 50 millions de Rentes payées pendant 17 ans............... 850,000,000.

2.° Fonds d'Amortissement pendant 17 ans................ 646,384,300.

Total de la somme dépensée en 17 ans.................. 1,496,384,000.

Il présente comme _Économie_, procurée par l'Amortissement, une différence (p. 4 et 31) de...... 153,615,700.

Cette somme ne porte pas sur les _capitaux_, mais sur les _intérêts_.

En voici la preuve :

Pour les 25 ans, on a payé............... 650,000,000 d'intérêts.

Pour les 17 ans, on n'a payé que............ 496,384,300 d'intérêts.

Différence sur les _intérêts_. 153,615,700.

Voici la cause de cette différence : notre calculateur compare

Un Emprunt . . . *rachetable* en. . . . . . . 17 ans.
Avec un Emprunt *remboursable* en. . . . . . 25 ans.
Le terme moyen de l'*Amortissement*, est de. . 10 ans.
Le terme moyen du *Remboursement*, est de. . 13 ans.
La différence moyenne de durée, est de . . . 3 ans.

Or, la somme de 153 millions représente les Intérêts des trois années, dont l'Emprunt *remboursable* est plus long que l'Emprunt *rachetable*.

Il est donc démontré par le calcul, aussi bien que par le raisonnement, que lorsque l'on *emprunte* AU PAIR, et que l'on *rembourse* ou *rachète* AU PAIR, lorsque l'on reçoit *un milliard*, et que l'on restitue *un milliard* de *capital*, soit en 17 ans, soit en 25 ans, soit en un an, soit en cent ans, il ne peut y avoir de perte ni de profit sur le *Capital*. Il ne peut y avoir de différence que sur les *Intérêts* qui croissent ou diminuent suivant la durée du prêt. Ces Intérêts en plus ou en moins, ne sont ni une perte, ni un profit ; mais le prix de la durée plus longue ou plus courte du Remboursement de l'Emprunt.

Ce n'est qu'avec peine que j'ai retrouvé cet *axiôme de Finances*, sous les monceaux de chiffres dont 16 tableaux de calculs erronés l'avaient accablé. Il est un autre axiôme qui a été également méconnu par notre auteur, mettons-nous à sa recherche.

J'ai dit qu'outre les erreurs *sur la durée des Emprunts* qui existent dans les 16 tableaux de chiffres et dans les dix comparaisons, il y a dans huit de ces Comparaisons, erreurs *sur le taux des intérêts.* J'en prends la preuve dans la première comparaison, (p. 3o, État n°. 3) où l'erreur est plus forte et plus facile à démontrer.

Erreurs sur le ta[ux] des Intérê[ts]

Remarquons d'abord que cette première Comparaison renferme aussi l'erreur *sur la durée*, car si on rembourse à 8o fr. un emprunt fait à 5o fr., on paye 16oo millions de capital pour un milliard que l'on a reçu ; on paye donc un excédant de capital de 6oo millions ; cependant la comparaison donne 64o millions. Il y a erreur palpable de 4o millions qui porte *sur la durée* du Remboursement et des Intérêts.

1re Comp[a]raison.

Passons à l'erreur *sur le taux des intérêts.*

Empruntant au cours de 5o fr.,
on recevrait . . . . 1,000,000,000.

Et rachetant au cours de 8o fr.
on rembourserait . . . . 1,600,000,000.

on donnerait une Prime de 3o sur 5o, équivalente à 6o pour cent et montant à 6oo millions. La Durée serait de 21 ans, et le terme moyen du rachat de 13 ans. Si nous calculons cette hypothèse, nous reconnaîtrons qu'en divisant

Soit 6o   par 13 ans, on aura   4 8/13° pour cent.
Soit 6oo,ooo,ooo par 13 ans, on aura   46,153,ooo par an.

Il est donc évident que dans cette hypothèse,

la somme dépensée pour le rachat de l'Emprunt *rachetable* en 21 ans, se composerait

    1°. Capital versé . . . . 1,000,000 fr.
    2°. Intérêt de 13 ans (terme moyen) 1,340,000
    3°. Prime de 60 pour cent en 13 ans   600,000
    Somme pareille (p. 28) 2,940,000

L'emprunt revient donc à l'intérêt annuel des 14 8/13ᵉ pour cent. (1)

Savoir : 1° Intérêts annuels à . . . . . 10 pour cent.
          2° Prime repartie par année. 4 8/13ᵉ.

Car toutes les fois que l'on donne en Dette publique, un Capital plus fort que celui que l'on rachète ; toutes les fois que l'on amortit à un taux plus élevé que celui de l'émission, la Prime que l'on accorde en Capital, se résout en une addition aux intérêts annuels, et il faut en faire la répartition, par année de la durée de l'Emprunt, pour en connaître le véritable taux.

Il est donc démontré que comparer un Emprunt *remboursable* à 10 pour cent avec un emprunt au cours de 50 fr. et *rachetable* à 80 fr., c'est comparer un Emprunt à 14 pour cent, avec un Emprunt à 10 pour cent. Il n'est donc pas étonnant que l'on en con-

---

(1) Pour donner un calcul rigoureusement exact, il faudrait calculer, 1° les fractions de durée ; 2° les intérêts des intérêts, qui font que le Trésor paye encore 100 millions de rentes, quand il ne doit plus que 40 millions de capital, 3° prendre en considération que les plus forts remboursemens ont lieu dans les dernières années ; mais le calcul à 14 8/13ᵉ est approché, à moins de un pour cent ; ce qui suffit.

clue que l'Amortissement, dans cette hypothèse, est moins avantageux. C'est encore là un de ces *Axiômes de Finances* qui n'ont pas besoin de démonstration. La seule chose étonnante ici, c'est que notre Calculateur ne se soit pas aperçu de la différence du taux des intérêts des Emprunts, et les ait comparés comme s'ils eussent été égaux.

Pour faire une opération régulière, il aurait fallu mettre en comparaison un Emprunt *remboursable* à 14 pour cent ; mais alors les deux termes de la comparaison étant égaux, les résultats eussent été pareils, et on aurait reconnu que ces comparaisons ne prouvent rien et ne peuvent rien prouver. Car ce n'est pas dans ces calculs, mais dans des raisons à la fois de Théorie, de Pratique et d'Économie politique, que se trouvent les motifs de préférence des Emprunts *rachetables* sur les Emprunts *remboursables*.

Toutes les autres Comparaisons pêchent par les mêmes vices fondamentaux. J'épargne au lecteur, et je m'épargne à moi-même la démonstration des erreurs contenues dans les quatre hypothèses intermédiaires à 9, 8, 7 et 6 pour cent. Les principes de calcul, et les formules que j'ai indiqués, donnent à chacun les moyens de faire ces vérifications par lui-même.

Mais il y a quelque chose de si bisarre dans la dernière comparaison du Résumé comparatif (*p.* 30), que je ne puis la passer sous silence.

Notre Calculateur, poursuivant ses Comparaisons

Erreur bisarre.

6e Comparaison.

successives d'Emprunts à des taux d'intérêts décrois-
sants et *rachetables* à 80 fr., ne s'apperçoit pas qu'il
sort du système. Il pose gravement, sans avoir l'air de
s'en douter, l'hypothèse d'un Emprunt fait *au Pair*,
de . . . . 100 fr. pour 1,000,000,000.

Et racheté à 80   pour   800,000,000.

D'où il conclut qu'il
y a un profit de. . . . 20   soit   200,000,000.

Outre la différence qui provient de la plus courte
durée de l'Emprunt *rachetable*.

Hypothèse
de
banqueroute.

Mais il me semble que ce n'est pas là une hypothèse
de *Crédit* et d'Emprunt, mais bien une hypothèse
de *Banqueroute*. Car lorsque l'on emprunte 100 et
que l'on ne rembourse que 80, il est clair que l'on
fait *Banqueroute* de 20 pour cent (1).

Il appèle cela un *avantage*, et cette fois encore,
en courant après une toute autre conclusion qui lui
échappe à travers ses erreurs, il rencontre, sans s'en
appercevoir, un de ces *axiômes de finance* que per-

______

(1) Une erreur de même nature a été faite par M. Laffitte, dans la
Brochure qu'il a publiée en 1816, sous le titre d'*Opinion d'un Membre
de la Commission du Budget*. Il supposait l'*Emission* de ses *Rentes
définitives* au cours de 85 fr. de 1822 à 1829 (p. 16), et il calculait
leur *Rachat* pendant les mèmes années au cours de 70 f. (p. 16). La
note ajoûtée dans une autre édition passe à côté de la difficulté, sans
la résoudre; car on ne peut expliquer, comment, pendant les mèmes
années, et pendant 8 années, on émettrait à 85 fr., et rachéterait à
70 fr. Il fallait donc reconnaître qu'il y avait erreur, et la corriger, sans
rien dire, comme une autre erreur que j'indiquerai.

sonne ne contestera, mais qu'il pouvait se dispenser de prouver.

La brochure est terminée par l'application de ces prétendus *Apperçus théoriques*, à la situation actuelle de notre Dette publique, portée à 113 millions, et à 161 millions de rentes. Aplicati à la det publiqu

Ces trois comparaisons ne sont ni plus heureuses, ni moins fautives que les sept précédentes.

Je vais vérifier, en détail, les calculs de la première comparaison; j'indiquerai seulement les résultats des deux autres.

8e Comparaison.

113 millions de Rentes *au pair*, représentent un capital de.	2.260,000,000.
Le remboursement en 50 ans, suivant les proportions établies (p. 32, état n° 5), s'élève à.	4,536,000,000.
Il est donc payé pour intérêts en 50 ans.	2,276,000,000.
113 millions de Rentes au cours de 80, représentent.	1,808,000,000.
Le rachat en 22 ans, (état 6, p. 33 et 34), coûterait.	3,388,796,240.
Il aurait été payé, pour intérêts en 22 ans	1,580,796,240.

1er Axiôme. De ee calcul résultent encore deux grands *axiômes de finance*.

1° Qn'en remboursant *au pair* 100 fr., ci. 2,260,000,000.

On payerait. 20   soit   452,000,000.

De plus qu'en rachetant à. . 80   pour 1,808,000,000.

Ce qui, en d'autres termes, veut dire, comme plus haut, qu'en faisant *Banqueroute* d'un cinquième on en profite.

2e Axiôme. 2°. Qu'un Emprunt dont le Remboursement durerait 50 ans, coûterait en intérêts. . 2,276,000,000.

Tandis que celui qui ne durerait que 22 ans ne coûterait que. . . . 1,581,000,000.

L'on payerait de moins . . . . . 695,000,000.

équivalant à six ans d'intérêts dont l'Emprunt *amorti* serait plus court (terme moyen), que l'Emprunt *remboursé*.

Ajoutant au montant des intérêts. 695,000,000.

La différence de 20 pour cent sur le capital. . . . . , ... 452,000,000.

On recompose la différence de (p. 6 et 34). . . . . 1,147,000,000.

formés, je le répète, d'une *Banqueroute* de 20 pour

cent sur le Capital, et des Intérêts de 6 ans de réduction dans la durée de l'Emprunt.

Que l'on soumette aux mêmes calculs les deux dernières comparaisons du remboursement de 161 millions de rentes au pair en 65 ans, avec le

Rachat à 80   en 26 ans.. différence 1,637 millions,
Rachat *au pair* en 34 ans.. différence   499 millions,
(*p*. 35 à 39, États 7 et 8).

On reconnaîtra que la première différence provient d'une *Banqueroute* de 20 pour cent sur le Capital, cumulée avec les Intérêts de 41 ans, et la seconde de 31 ans d'Intérêts; et que par conséquent il n'y a profit dans aucun cas.

En sorte que ni les Hypothèses, ni les Calculs, ni les Comparaisons, ni les Applications, ni les Résultats, ni les Principes, ni les Raisonnemens, ni les Conséquences ne sont exacts, dans l'*Aperçu théorique*, véritable tissu d'erreurs et d'inutilités.

Si, maintenant, on me demande mon avis sur la question dont l'*Aperçu théorique* a si complètement manqué la solution: s'il vaut mieux *Emprunter au pair à haut intérêt, et rembourser à échéances au pair*, ou bien *Emprunter et racheter au cours*, je répondrai : que de quelque manière que l'on s'y prène, on ne pourra jamais emprunter qu'au cours; que les apparences seules varient, que les résultats ne peuvent varier; qu'il faut Emprunter suivant les tems et les prêteurs; à échéances, quand on le peut; au cours, quand on ne peut faire autrement, et toujours le meilleur marché possible ; en prenant bien garde de ne pas oublier dans ses calculs, la moitié des avantages accordés aux prêteurs.

Ce n'est pas là, j'en conviens, une Théorie ; mais j'ai développé ailleurs celle qui me paraissait préférable, et dans laquelle, depuis deux ans nous sommes entrés, et nous marchons, péniblement sans doute; mais non sans avantages.

Diverses Brochures.

Il est bientôt tems de terminer cette longue revue d'erreurs financières, quoique la matière soit loin d'être épuisée. Je n'irai donc pas exhumer toutes les brochures de l'année dernière. Après un an il y a prescription pour un Ouvrage de Finances, dont les plans n'ont eu aucune suite. Mais il est des ouvrages qui par le nom de leurs auteurs, par leur but, et par l'importance qu'ils ont eu, ou par celle que l'on a voulu leur donner, sortent de classe. Il serait injuste de les condamner à l'oubli, saus motiver la sentence : cependant il faut se borner, je ne mentionnerai que les principaux.

Mémoire sur les Finances et moyens d'assurer le service de 1817. — Par M. le Duc de Gaëte.

Ce plan d'*Emprunt forcé*, sous le titre mitigé d'*Emprunt obligé*, a été sagement rejeté par la Commission consultative du Budget. Elle lui a rendu justice.

Exposé d'un Projet tendant à la libération totale de l'État. Création de 700,000,000 de cédules hypothécaires.

Papier monnaie territorial.

Je n'en dirai que ces trois mots, renvoyant le Lecteur au Catalogue des Théories Financières. Le talent, le savoir, les bonnes intentions, lors même qu'ils se trompent, ont droit à nos égards.

Opinion d'un Membre de la Commission du Budget, par M. Lafitte. — Plan de *Rentes provisoires, remboursables au cours, en* 1822 *jusqu'en* 1829.

Il paraît que l'Auteur a voulu donner à son Plan une grande publicité, et y a attaché une grande importance : il en a fait faire trois éditions successives, revues, corrigées et augmentées : il en a parlé dans l'introduction de son opinion à la Chambre : il a annoncé que ses efforts ont entraîné la résolution prise par la Commission consultative du Budget, et par le Ministre des Finances, de recourir au Crédit et aux Emprunts.

Les trois éditions m'ont atteint dans ma retraite, j'ai pu les examiner, les vérifier à loisir ; j'en dirai mon opinion en peu de phrases.

Ce plan eût été ruineux pour l'Etat, qui aurait emprunté à un taux exhorbitant, illimité ; au moins 15 pour cent par an, et jusqu'à 20, 25 pour cent et au-delà.

Il eut procuré d'immenses bénéfices aux Spéculateurs.

Cette brochure rentre dans mon domaine, car elle fourmille d'erreurs de calculs, involontaires sans doute, mais qui toutes, par un singulier hazard, tendent à diminuer les émissions effrayantes de rentes et les frais et dépenses immenses que ce plan aurait entraînés, et à dissimuler les Bénéfices qu'il aurait pû procurer aux Spéculateurs.

Il ne sera pas sans utilité, d'indiquer succinctement quelques unes des principales erreurs.

1re Erreur. L'Auteur calculait le Déficit à 700 millions pour les quatre années, 1817, 1818, 1819 et 1820, emploi fait de tous les revenus ordinaires et extraordinaires.

Il supposait cette somme empruntée moyennant 56,750,000 de *Rentes provisoires* (p. 11), mais il oubliait de pourvoir au payement des *Arrérages de ces rentes* pendant les 4 années, comme il suit :

Années.	EMPRUNT RÉALISÉ.	RENTES PROVISOIRES.	ARRÉRAGES OUBLIÉS. DURÉE.	TOTAL.
1817.	200,000,000.	20,000,000.	4 années.	80,000,000.
1818.	200,000,000.	16,660,000.	3 ans.	49,980,000.
1819.	150,000,000.	10,715,000.	2 ans.	21,430,000.
1820.	150,000,000.	9,575,000.	1 ans.	9,575,000.
(p. 11).	700,000,000.	56,950,000.		160,985,000.

Il y avait donc, première omission évidente des 160,985,000, montant des Arrérages des Emprunts ; mais comme on ne pouvait se procurer cette somme

d'Arrérages que par les mêmes Emprunts, en calcu-
lant ces Arrérages et ces Emprunts supplétifs, on reconnaîtra une omission de plus de 220 millions, qui
auraient exigé plus de 20,000,000 de Rentes provisoires, de plus qu'il n'était présenté dans les tableaux.

Il supposait la conversion des Rentes *provisoires* en 2e Erreur.
Rentes *définitives*, au cours de 85 fr. (p. 15). Si le
cours eût été plus bas, l'émission des Rentes et les
dommages de l'opération auraient prodigieusement
augmenté. Il calculait en même-tems (p. 16) l'Amortissement à 70 fr. J'ai expliqué plus haut cette
erreur. (*V*. p. 76.)

Il disait (p. 13), « En 1822, inscription de la *mo-*
» *dique somme* de 3,917,000 de Rentes; et *dans la*
» *même année*, le fonds d'Amortissement rachète
» 27,500,000 de Rentes (p. 13) ».

Dans cette courte phrase, deux erreurs.

Le *Rédacteur* de l'opinion n'a pas compris le *Cal-*
culateur; car en 1822

L'émission est de . . . . . . 7,667,000 (p. 15). 3e Erreur.
Au lieu de. . . . . 3,917,000 (p. 13).

Erreur en moins . . . . 3,750,000 de rentes.

Le Rédacteur a pris les 3,917,000 fr. *première*
somme de la première colonne du tableau (p. 15),

au lieu de prendre le *total* de la première ligne 7,667,000.

4ᵉ Erreur.   Le Rachat est de. . . . . .   5,847,000 (p. 16).

        Au lieu de . . . .   27,500,000 (p. 13).

____

        Erreur en plus . . . .   21,653,000 de rentes.

Ici le Rédacteur a pris (p. 16), le *total* des Rachats faits pendant six années, pour le Rachat de *la seule* année 1822.

Ces deux erreurs réunies, s'élèvent à 25,403,000 fr. de Rentes! une telle différence renverse tous les raisonnemens, puisqu'en 1822 l'Émission est plus forte que le Rachat, tandis que le Rédacteur s'extasiait sur la *modique émission* de 3,917,000 fr., comparée à l'Amortissement de 27,500,000 fr.

Ces deux erreurs ont tenu bon, je les lis dans les *trois Éditions.* Et voilà comme on fait des calculs et comme on fonde des Plans de Finance !

5ᵉ Erreur. Ailleurs, le *Calculateur* a pris sa revanche, il a induit le *Rédacteur* dans une erreur vraiment extraordinaire par sa cause et par son énormité. Le Rédacteur fait remarquer (p. 12) que, suivant le tableau précédent (p. 11), non seulement les quatre Emprunts et l'arriéré, auraient été rachetés en 1827; mais que même l'ancienne Dette de 87 millions aurait été réduite à 43,484,000, si on ne ralentissait pas *l'action trop rapide de l'Amortissement.*

La somme de 43,484,000, est bien dans le tableau (pag. 11), mais le Calculateur avait fait une lourde erreur. Trouvant en 1827 le *total de l'Amortissement des dix années* précédentes, montant à 63,629,000, il a pris cette somme pour l'*Amortissement de l'année* et l'a déduite en entier de la Dette. Il n'aurait dû déduire que 8,242,000, Rachat de l'année. L'erreur n'est ici que de 55,387,000 de Rentes !

Puis, prenant toujours les *totaux* pour les *sommes annuelles*, et suivant *l'action trop rapide de son amortissement*, dès l'année 1828 il amortit et fait disparaître en entier le petit reste de 43,484,000 de rentes de l'ancienne Dette; quoique le Rachat de l'année ne soit que de 8,830,000 fr. Nouvelle erreur de 34,654,000 fr. de Rentes ! 6e Erreur etc.

Un chicaneur pourrait même prétendre que l'erreur est double, et se répète en croissant, pendant les trois années suivantes ; mais le Rédacteur n'ayant tiré aucune conséquence de ces autres erreurs, je les néglige ; je m'en tiens à deux erreurs, ensemble de 90 millions de rentes, sur deux années !

Pour dernière rectification, je ferai remarquer que, dans le tableau (p. 16), il y a à l'année 1830, une erreur de 70 millions de rentes ! 7e Erreur, etc.

L'amortissement de cette année n'est que de 10,137,000 francs ; cependant le Calculateur raye 80,130,000 fr. de rentes, et le Rédacteur, dans les phrases qui suivent, nous fait remarquer que *la libération complète de la France s'opère à la treizième année*; tandis qu'à la treizième année il subsisterait encore 70 millions de rentes !

Les sixième et septième erreurs se maintinrent dans la seconde édition ; mais, il est vrai de dire, qu'à la troisième, elles furent enfin , en partie, corrigées. Je dis en partie, car ces malheureux *totaux d'Amortissement* s'obstinèrent à rester dans la colonne des *diminutions annuelles* (p. 11) : on fit disparaître les quinze lignes, pages 16 et 17 , dans lesquelles le Rédacteur avait glosé sur la *libération complète* à la onzième et treizième année ; mais on oublia de corriger le tableau (p. 16), et il persista avec toutes ses erreurs, dans la troisième édition, revue et corrigée.

J'ai remarqué plusieurs autres erreurs, mais ce sont des vétilles auprès de celles-ci. Elles doivent satisfaire les plus exigeans. Maintenant prenez des calculs sur parole pour bâtir une opinion ou un discours, et fiez-vous aux réputations financières !

Commission du Budget.

La Commission consultative du Budget, n'adopta ni le Plan , ni les Calculs de cette Opinion ; elle reconnut la nécessité de recourir au Crédit par des voies plus sûres, moins dispendieuses, et des calculs plus exacts.

Le Président de cette Commission , (M. le Duc de Lévis) publia sous le titre modeste d'*Exposé des travaux de la commission consultative du Budget*, un ouvrage rempli des principes les plus sains, et fécond en vues éclairées ; où la clarté et les charmes du style tirent un nouveau prix de l'aridité de la matière, et dans lequel l'élégance ne nuit pas à la profondeur.

Les travaux de cette Commission, trop peu remarqués par le public, trop peu vantés par ceux qui en profitèrent, nous valurent enfin un Budget fondé sur le Crédit et sur les Emprunts.

Je termine par une triste réflexion qui m'a péniblement affecté pendant le cours de cette discussion. Il est donc vrai, la Science des Finances est encore dans l'enfance, puisqu'on ose imprimer de pareilles erreurs de Faits et de Calculs ; puisqu'elles sont lues, vantées et crues sans examen, et qu'elles obtiènent une espèce de succès.

Je me suis borné aux Faits et aux Calculs ; que n'aurais-je pas eu à dire et à reprendre, si j'eusse discuté les Systêmes, les Théories et les Principes ?

B. M. D. R.

TABLE.

Fin de la Table.

De l'Imprimerie de C. F. Patris, rue de la Colombe,
n° 4, quai de la Cité.